지공거사의 하루하루

지공거사의 하루하루

발행일	2025년 6월 20일
지은이	이정구
펴낸이	손형국
펴낸곳	(주)북랩
편집인	선일영
편집	김현아, 배진용, 김다빈, 김부경
디자인	이현수, 김민하, 임진형, 안유경
제작	박기성, 구성우, 이창영, 배상진
마케팅	김회란, 박진관
출판등록	2004. 12. 1(제2012-000051호)
주소	서울특별시 금천구 가산디지털 1로 168, 우림라이온스밸리 B동 B111호, B113~115호
홈페이지	www.book.co.kr
전화번호	(02)2026-5777
팩스	(02)3159-9637
ISBN	979-11-7224-656-3 03810 (종이책) 979-11-7224-657-0 05810 (전자책)

잘못된 책은 구입한 곳에서 교환해드립니다.
이 책은 저작권법에 따라 보호받는 저작물이므로 무단 전재와 복제를 금합니다.
이 책은 (주)북랩이 보유한 리코 장비로 인쇄되었습니다.

(주)북랩 성공출판의 파트너

북랩 홈페이지와 패밀리 사이트에서 다양한 출판 솔루션을 만나 보세요!

홈페이지 book.co.kr   •   **블로그** blog.naver.com/essaybook   •   **출판문의** text@book.co.kr

---

작가 연락처 문의 ▶ ask.book.co.kr

작가 연락처는 개인정보이므로 북랩에서 알려드릴 수 없습니다.

지공거사의 하루하루

한 경영자의
조용한 성찰이 담긴
노년 일기

이정구 지음

북랩

여는글

　요즘 나는 '지공거사'로 불립니다. 거창한 호(號) 같지만, 실은 '지하철 공짜로 타는 사람'이란 뜻이지요. 처음엔 웃음이 나더니, 이제는 제법 마음에 듭니다. 공짜로 다니며 생각도 하고, 사람 구경도 하고, 세상 구경도 하니까요.

　내 또래는 격변의 시대를 통째로 통과한 세대입니다. 누군가는 우리를 '불우한 세대'라지만, 나는 그렇게 생각지 않습니다. 어렵긴 했지만 앞만 보고 달릴 수 있었던 시대였고, '우리도 한번 잘 살아 보세'라는 삶의 목표가 분명했던 시절이었습니다. 나도 그 시대의 한 사람으로 땀 흘리며 살았습니다.
　돌이켜 보면, 그런대로 열심히 살았다 싶습니다.

은퇴한 지 벌써 20년. 이제는 달리기보다 걷는 삶을 살고 있습니다. 바쁘던 몸은 멈췄지만, 생각은 여전히 바쁩니다. 그 생각들을 낙서처럼 끄적였고, 그러다 보니 글이 쌓였습니다.

큰 뜻도, 깊은 철학도 없습니다. 그냥 나이 들어 가며 보고 느낀 것들을 솔직히 적었을 뿐입니다.

혹시 이 글들이 누군가에게 작은 미소나 공감이 된다면, 그걸로 충분합니다.

지하철 한 칸에 앉은 '지공거사'의 하루하루, 슬쩍 읽어 주시길 바랍니다.

차례

여는글   4

수필

지공거사	11
야채 아저씨	15
보청기 유감	22
건망증과 치매	28
치과와 임플란트	32
탈원전 정책 유감	37
『우동 한 그릇』	42
첫 등산	47
대가	50
고령자 운전면허 반납	54
미국산 쇠고기 파동	57
러시아 인형 마트료시카	60
목욕 문화	68

돌이킬 수 없는 실수	73
김형석 교수 강의 단상	78
견인차	81
노무현과 그의 시대를 보내며	87
건배사	90
해맞이	93
한국형 행사에 대한 단상	96
운동장 개방과 학교 수위	100
생물학적 아버지	109
팁 문화	115
첫 주례사	120
전원주택 단상	126
떠난 뒤 빈자리가 커 보이는 사람이면 좋으련만	133
감나무	137
등산화	142
어머니	145
아버님 전 상서	155
세월	163
거만과 겸손	169

산문과 메일

재경 청탑회장 취임사	175
재경 청탑회장 이임사	177
이 원장의 인터뷰 기사를 읽고	179
『끝난 사람』	181
61 전우회 모임	184

새해 인사(61 전우회원 2010)	187
수채화 개인 전시회	189
우형주 지음 『성서 이해』	193
이황재(바오로)의 명복을 빌며	195
어머님 보십시오 1	198
어머님 보십시오 2	200
『매일경제』 이경준 변호사님 칼럼 기고	204
둘째에게	205
당신에게	208
큰아이의 영세받음을 축하하며	210
막내의 인턴십	211
출산을 앞둔 막내 내외에게	213
GYBM 과정 입소 환영사	215
베트남 7기 출정 격려사	217
L 형에게	219
『떠난 뒤 그 빈자리가 느껴질 수 있다면』 머리말	224
『떠난 뒤 그 빈자리가 느껴질 수 있다면』 맺음말	228
설날	233
이정구 회장의 책을 읽고	236
일곱 형님	244
C 형에게	246
내가 만났던 한 미국 목사 빈스	248
불가의 보시	255
지하철 경로 우대권	259
서리풀 공원	262
마음에 쏙 드는 아호를 받고	264
사랑하는 큰손녀 해민이에게	266

수필

지공거사

나이 들어 지하철을 공짜로 탈 수 있는 노인네를 '지공거사地空居士'라 칭한다. 이 멋진 단어를 처음 조어造語한 사람은 어떤 사람일까? 아마도 유머 감각과 센스가 특출난 분일 거라고 생각한다. 특히 어미語尾에 붙은 '거사居士'라는 단어에서 구수한 품격까지 느낄 수 있어 제격인 셈이다.

내가 지공거사가 된 지도 벌써 10년이 가까워 온다. 처음 지공거사 신분증 격인 지하철 무료 탑승 카드를 받을 때만 해도 쑥스러운 느낌이 없지 않았다. 공짜에 대한 상당한 심적 부담이 있었던 셈이다. 불로소득 같은 찝찝함이었다. 지공거사들에게 교부되는 카드는 검사대 통과 시 갖다 대면 알림음이 '삑삑' 하고 두 번 울린다. 한 번 울리는 유료 카드와 구분을 지어 놓은 것인데 처음엔 그것도 마땅치 않았다. '공짜 지하철 타는 사람이라는 징표를 주위 사람들에게 꼭 공개해야만 하나?' 하는 자격지심이 있어서였을 것이다.

그런 심경이니 지하철에 탑승을 해도 경로 우대석 근처에는 얼씬거리지 않았다. 비록 지공거사가 되었지만 마음과 신체가 아직도 장년이나 다름없는데 늙은이들 축에 낄쏘냐 하는 생각이었을 것이다. 그렇다고 젊은이들이 앉아 있는 좌석 앞에 손잡이를 잡고 서 있는 것도 좌석 양보를 종용하는 것만 같아 마음이 불편했다.
웬만하면 출입문 근처에 서 있는 것이 편했다.

한번은 나이가 지긋한 분이 눈을 감고 앉아 있는 좌석 앞에 내가 서 있었다. 그런데 이분이 눈을 뜨고 나를 쳐다보더니 갑자기 자리에서 일어나서 내게 앉으시라고 자리를 권하는 것이었다. 이분의 돌발 행동에 내가 얼마나 충격을 받았는지 손사래를 치며 다음 역에서 내린다고 둘러대며 극구 사양을 했다. 아무리 보아도 내 나이 또래로 보여 부담 없이 그 앞에 섰던 것인데 이분의 눈에는 내가 자기보다 나이 들어 보였던 게 틀림없었다.

사람의 심리라는 것이 묘한 것이어서 그분의 친절이 도리어 나의 신경을 들쑤셔 놓은 것이다. 마음만은 아직도 청년으로 착각하고 살고 있는 나에게 큰 상처를 준 셈이다. 덕분에 나는 목적지도 아닌 다음 역에서 하차하고 말았다.

세월이 흐르면서 나의 신경도 점차 둔탁해졌다.
언제부터인가 경로석이 비어 있는지 힐끔힐끔 쳐다보는 일이 빈번해지더니 등산을 위해 먼 거리를 이동하는 주말 아침이면 경로석이 표기된 열차 출입구를 찾아 줄을 서기 시작한 것이다. 등산을 할 수 있는 건강한 사람이 교통약자석을 넘겨다 보는 무신경이 두터워지는 것이 점점 노인 증세를 보이는 것은 아닌지 씁쓸한 마음이다.

2016. 10.

야채 아저씨

집 앞 골목길에는 이틀에 한 번꼴로 미니 벼룩시장이 선다.

장이 서는 날이면 아침 10시경부터 한 분 두 분 부인네들이 장바구니나 끌 것을 들고 모이기 시작한다.

모이는 분들은 80을 바라보는 할머니부터 새댁 차림의 젊은 부인까지 다채로운데 많을 때는 서른 명도 넘게 모여 골목길로 들어설 봉고 화물 트럭을 기다리는 모습을 심심치 않게 볼 수 있다. 기다리는 동안 한 두분 서로 이야기를 나누기도 하지만 매번 보는 얼굴들인지라 화젯거리가 없어서인지 골목이 예상외로 조용하다.

문제의 봉고 화물 트럭이 큰길에서 골목길로 돌아 들어서면 그때부터 골목 안은 갑자기 부산해지고 조금 전과는 달리 완연히 활기찬 모습을 보인다. 기다리고 있던 부인네들은 트럭이 정지하면 기사가 차에서 내리기도 전에 야채, 과일 해산물 등 장거리로 가득 찬 트럭을 에워싼다. 그때쯤이면 운전석 문이 열리고 만면에 미소를 띤 주인공인 '야채 아저씨'가 모습을 드러낸다.

"아가씨들! 천천히 천천히……!"라고 외치며 차에서 내려온다. 이 양반에게는 80대 할머니든 새색시든 무조건 '아가씨'다.

짧은 머리에 건강한 혈색의 둥그런 얼굴과 굵은 목둘레를 일견해 볼 때 대단히 건강한 50대 중반의 남자다.

무엇보다 이 사람의 특징은 넉넉한 몸집에 장난기 낀 웃는 모습의 눈매와 양 끝이 살짝 올라간 큰 입이 어디에선가 많이 본 인상인데……. 그렇지! 어렸을 적 큰아버지 댁에 놀러 갔다가 현관 입구에서 본 포대화상布袋和尙의 모습이다. 동산만큼 부풀어 오른 배에 웃옷을 벗어젖히고 앉아 입이 찢어질 정도로 크게 웃는 모습을 한 인형. 어린 나이에 처음 보았을 때에는 너무나 무섭기도 했던, 하지만 몇 번 마주치면서 점점 친근한 모습으로 바뀌었던 포대화상의 그 모습 그대로다.

그뿐이랴, 이 양반의 옷차림은 봄부터 늦은 가을까지 러닝셔츠 바람이다. 아마도 너무 건강해서 몸에서 나는 열을 주체하지 못하는 것으로 보였다. 본인 말로는 젊어서 산삼을 먹어서 그렇다고 하는데…….

이 야채 아저씨는 매일 싱싱하면서도 저렴한 물건들을 구입하여 일주일 중 사흘은 우리 동네로, 나머지 사흘은 아랫동네로 방문하기를 벌써 27년째라고 한다. 이 야채 아저씨가 우리 동네 주부들 사이에서 스타가 된 이유는 그의 붙임성 있는 성격과 한결같은 성실성. 뿐만 아니라 가져오는 물건들이 동네 마트보다 눈에 띄게 저렴한 데에 있을 것이다. 그렇다고 마트 물건들보다 품질이 결코 뒤떨어지지도 않으니 말이다.
　그것뿐이랴, 아저씨는 북새통 속에서도 할머니들 장거리라면 무 한 개, 배추 한 다발일지라도 한결같이 할머니 댁까지 들고 뛰어가 집 안에 넣어 드리고 온다. 여름철 이 아저씨가 땀을 뻘뻘 흘리며 이리저리 뛰어다니는 모습을 보는 것은 그리 어렵지 않은 일이 된 지 오래다. 이런 인간성을 가진 아저씨를 어느 누가 좋아하지 않을 수 있을 것인가?
　가끔 물건의 부피가 크거나 무거워 나의 아내가 난감해하면 야채 아저씨가 스스럼 없이 물건을 들고 우리 집 현관까지 들어다 준다.
　이때 나와 눈이라도 마주치면 "아이쿠, 아버님. 안녕하세요." 하며 인사를 하는데 그때마다 난 이 포대화상이 주는 마력에 그만 무장 해제가 되고 만다.

　한바탕 소란스러운 시간이 지나고 부인네들의 장거리 챙기기가 끝날 무렵이면 트럭 짐칸엔 텅 빈 포장 상자들만 어지럽게 쌓여서 벼룩시장은 파장罷場이 가까워 옴을 알 수 있다. 하지만 아직 중요한 절차가 남아 있다. 바로 계산. 장거리를 챙긴 부인네들이 바쁘다며 서로 먼저 계산을 해 달라고 졸라댄다. 그래도 야채 아저씨는 비지처럼 흐르는 땀을 목에 건 수건으로 연방 닦아내면서 "아가씨! 금방 계산할게. 조금 기다려요." 하며 가까이 있는 사람부터 계산을 해 나간다. 그 솜씨가 소위 '물 찬 제비'가 따로 없다는 말이 이런 데 쓰는 말일 것이다.

넉넉하게 보이는 외모와 느긋한 성격으로 보아 물건값 계산에는 아무래도 어수룩한 면이 있을 것 같은데도 말이다. 많은 사람들이 한꺼번에 달려들어 계산이 제대로 될 것 같지 않은데도 이 야채 아저씨의 빠르고 정확한 셈에 아주머니들이 혀를 내두른다.

아내도 집에 돌아와서 호기심에 다시 한번 계산해 보고 야채 아저씨의 정확한 계산에 놀라워했다. 아저씨 본인은 자기가 상고 출신이어서 계산이 빠르다고 했다지만…….

야채 아저씨는 젊었을 때 꽤 큰 유제품 회사의 사장 차를 잠깐 운전하다 군을 제대한 후 지금 직업으로 전업을 했다고 하는데 우리 동네에 야채 등의 장거리를 가지고 처음 나타난 것도 벌써 20여 년이 훌쩍 지났으니 일찍 '탈샐러리맨'을 한 셈이다.

꼭두새벽 3시에 경기도 이천 집을 나와 가락시장으로 달려가서 새벽 4시에 시작하는 수산물 시장 경매에 참여하고 이어서 야채 시장과 과일 시장을 누비며 조금이라도 더 싱싱하고 질이 좋은 물건을 흥정하고, 심심치 않게 동네 아주머니들로부터 주문받은 잡화까지 사 들고 돌아서기까지는 얼마나 많은 시간과 발품이 들어갈 것이며 얼마나 많은 땀을 흘려야 할까? 그러기를 그렇게 오랫동안 한결같이 지속할 수 있게 해 준 원동력은 어디에 있을까? 한 점포에서 물건을 사서 차에 싣고 다음 점포로 이동하는 동안 야채 아저씨의 머리에서는 어떤 생각을 하고 있을까? 그럴 여유도 없겠지만 혹시라도 열심히 살아온 지난날에 대한 회의懷疑는 없었을까?

몇 달 전 벼룩시장에 나갔던 아내가 빈손으로 들어와 "혹시 야채 아저씨 어디 아픈 것 아니야?" 하는 것이 오늘은 야채 아저씨가 벼룩시장에 모습을 나타내지 않은 모양이다. 아내도 그렇지만 나도 덩달아서 궁금해졌다. 이틀 후 벼룩시장에서 물건을 사 들고 들어온 아내에게 "아저씨가 오늘은 나왔나 보네?" 하고 묻자 아내가 "엊그제는 엄마가 아파서 대학 병원에 입원시키느라 못 왔대요." 하고 대답했다.

그 대답을 듣고 생각하기를, 그러면 그렇지, 그렇게 건강한 사람이 아플 리가 없지 하면서도 그 친구 나이깨나 들었는데 아직도 "엄마"야? 하면서도 수심愁心에 찬 포대화상의 얼굴 모습이 잘 그려지지 않아 싱겁게 웃고 말았다.

어느 비 내리는 날 외출에서 돌아오다 벼룩시장이 열려 있는 골목을 지나게 되었다. 부인들은 모두 우산을 들고 있었지만, 야채 아저씨는 얼굴에 빗방울이 줄줄 흘러내리고 러닝셔츠는 흠뻑 젖은 상태로 부인네들 사이를 부지런히 돌아다니고 있었다.

  빗속에서도 포대화상의 웃는 모습은 일그러지지 않고 여전했지만 집으로 들어온 후에도 그의 비에 젖은 모습이 약간은 마음이 시린 잔상으로 남았다.

  며칠 전 아침 식탁에서 화제가 '야채 아저씨'로 옮아갔다. 아저씨에게 단양 마늘을 주문했는데 몇 주가 지나도 못 가져온다고 김장철이 다가와 초조해진 아내가 볼멘소리를 했다. 아저씨의 처가가 단양에서 마늘 농사를 하고 있다는데 바빠서 내려가지 못하고 있다는 것이다.

  그러면서 보태는 말이 이천에 땅도 많이 사 놓은 것 같다고 했다. 아내의 말을 듣고 오래전 비 오던 날 비에 흠뻑 젖은 채로 벼룩 시장을 휘젓고 있던 그의 모습을 보고 내 머리에 남았던 마음 시린 잔영이 비로소 사라지고 내 입에서 "세상은 가끔은 공평하기도 한 모양이다. 그래, 그 사람 그렇게 악착스럽게 열심히 사는데 당연한 보상이지." 하는 말이 저절로 나왔다. 포대화상의 천진난만한 웃는 모습이 정겹게 다가온다.

2017. 12.

보청기 유감

보청기를 끼기로 했다.

안경테 뒤쪽에 노출형 보청기를 낀 사람을 보면 어쩐지 측은해 보이기까지 했었다. 그런데 내가 보청기를 끼기로 한 것이다.

평소에 보청기를 낄 정도로 청력이 떨어져 있다고 생각을 하지 않고 있었다. 가끔 텔레비전 볼륨을 너무 높인 것 아니냐는 아내의 힐문에 혹시 내 청력이 약해진 것 아닌가 하는 정도의 의심을 해 보기는 했으나 보청기를 낄 정도로 귀가 어둡다는 생각일랑 해 본 적이 없었다.

그런데 집 근처의 시니어 플라자에 등록을 하고 인문학 강의를 듣기 시작하면서 나의 청력에 문제가 있음을 심각하게 느끼기 시작했다. 강의실 뒷좌석에 앉은 날이면 강사가 무슨 말을 하는지 잘 알아들을 수 없었다. 그럼에도 벌써 보청기 신세를 져야 할 나이는 아니지 않은가 하는 고집으로 1년 정도 더 버텼다. 그런데 보청기도 시기를 놓치면 효과를 볼 수 없다는 주위 사람들의 지적에 어쩔 수 없이 이비인후과를 찾았다.

청력 검사 결과는 주파수 대역이 높은 고음부에 문제가 있어서 그동안 그 음역대의 소리를 잘 듣지 못했을 것이라고 하면서 이제는 보청기를 사용해야 할 시점이 되었다는 것이다. 그런 상태를 그대로 방치할 경우 빠른 속도로 나빠질 것이라는 의사의 엄포에 보청기를 주문하였다. 그래도 노출형 보청기는 피하고 싶어서 내장형(귓속에 착용하는 방식)을 주문했다.

며칠 후 보청기를 찾으러 오라는 연락이 왔다.
보석함 모양의 조그만 상자 안에 놓인 붉은색과 푸른색이 세트를 이룬 두 알의 보청기가 마치 영롱한 모습의 마고자 호박 단추 모양으로 아름다웠다. 귓속에 넣고 청력사聽力士가 건네준 거울을 들여다보아도 밖으로 드러나 보이지 않아서 조금은 마음이 놓였다.
귀에서 꺼내 다시 상자에 넣으려 하니 청력사가 극구 말리며 당분간 적응이 필요할 테니 끼고 집까지 가 보라는 것이다.
그 말도 일리가 있다 싶어 약간 이질감이 없지 않았으나 낀 채

밖으로 나왔다.

그때부터가 문제였다. 지하철역까지 6차선 도로를 걸어가는 몇 분 동안 평생 들어 보지 못한 듯한 온갖 소음들이 내 머리를 거의 공황 상태까지 몰고 갔기 때문이다. 도로를 꽉 메운 차량들의 엔진 소리가 앰프로 증폭한 것처럼 귀청을 때리고 평소 귀에 심하게 거슬리지 않던 차량 바퀴의 마찰음도 탱크 굴러가는 소리를 질러댄다. 지하철역 입구로 들어가서야 비로소 한결 조용해진 것이 얼마나 다행인지…….

그러나 지하철을 타는 순간 객실도 피난처가 되지 못함이 금방 드러났다.

맞은편 '임산부 보호석'에 버티고 앉은 50대 아줌마의 통화하는 목소리가 마치 깨진 꽹과리 두들기는 소리같이 갈라진 금속성 소리로 가엾은 내 청신경을 괴롭힌다. 참다못한 내가 레이저 눈빛으로 노려보았지만 나의 일그러진 얼굴일랑 아예 안중에도 없다는 듯 아줌마의 통화는 계속되었다. 이제는 무엇이 그렇게 우스운지 깔깔 대소까지 하는 무신경의 극치를 보여 준다.

그뿐인가, 어디에선가 갑자기 카톡 알림음이 송곳 찌르는 듯 날카롭게 비명을 질러댄다. 깜짝 놀라 무음으로 설정을 해 놓은 내 휴대폰의 잠금이 풀린 건가 하고 전화기를 끄집어내 보니 암흑세계 그대로다. 그렇다면 멀리 떨어진 승객의 주머니에 있는 휴대폰의 카톡 알림음이 마치 내 손안에서 들리는 듯 크게 들린 것이렸다!

환승역에 도착하니 승객들이 우르르 몰려들어 객실을 금방 꽉 채운다. 맙소사! 이제 세상의 온갖 소음이란 소음은 어김없이 내게 날아들 참이다. 아직도 10여 분은 더 가야 하는데……. 나는 그만 내리고 말았다.

지하철이 떠난 뒤 승강장 의자에 앉아 보청기를 하나씩 귀에서 끄집어냈다. 그러자 시골 장터같이 시끄럽던 세상이 비로소 조용해져서 적막감까지 느낀다. 짧은 시간 동안이었지만 소음 지옥을 경험하고 드디어 조용하고 평화로운 세상으로 내가 다시 돌아온 것이다.

집에 돌아와 마고자 단추같이 영롱하게 반짝이는 보청기를 보고 있자니 기가 찼다. 청력사는 3~4개월의 적응 기간이 필요하다고 했는데, 하루이틀도 아니고 그 긴 기간 내내 어떻게 버텨야 할지 걱정이 앞선다.

갑자기 심각한 의문이 생겼다. 세상이 원래 이렇게 소란스러운 곳이었는가? 내가 난청 상태로 오래 지내는 동안 정상적인 '세상의 소음들'을 망각하고 지내고 있었던 것은 아닌지? 우스갯소리 같지만 만일 그게 사실이라면, 나는 현대인이 겪는 소음 스트레스로부터 부지불식간 난청 덕에 오랫동안 해방된 행운을 누린 셈이 아닌가!

미국의 저명한 이비인후과 의사가 요즘 젊은이들이 즐겨 사용하는 이어폰이나 헤드셋 때문에 매년 1억 명 정도의 많은 디지털 난청 환자가 발생한다고 경고한 신문 기사를 본 적이 있다. 지하철뿐만 아니라 거리에서도, 심지어 공부할 때에도 이어폰이나 헤드셋을 걸친 젊은이들을 자주 볼 수 있다. 신세대들의 유행치고 그런대로 눈에 거슬리지도 않았고, 시간을 아껴 외국어 공부를 하거나 쌓인 스트레스를 음악 감상으로 해소하는 것이 아닐까 하는 생각에 어여쁘게 보이기까지 했었는데. 우리는 이제 문명의 이기가 아닌 흉기가 된 이어폰에 노출된 것이 아닌가?

2017. 9.

수필

건망증과 치매

아내와 같이 주민 센터에 들렀다.

직원이 내준 서류 양식에 기입을 해 나간다. 신청자의 이름을 기입하고 주민번호를 적어 넣는다. 그리고 다음 칸으로 볼펜이 옮아간다. 배우자의 이름과 주민번호 기입란이 나왔다. 그런데 펜이 거기서 멈칫거린다. 배우자 이름이 생각나지 않는다.

성씨마저 잊은 것은 아니지만 이름이 떠오르지 않는다. 이것저것 여자 이름을 가져다 맞춰 보지만 생소하기만 하다. 힐끗 뒤를 보니 아뿔싸! 아내가 내 어깨 너머로 응시하고 있는 게 아닌가! 이럴 때엔 기지를 발휘해야 한다.

"당신 주민등록증 좀 줘요. 여기 주민번호도 적어 넣어야 하고……."

아내가 아무 말 없이 주민등록증을 건네준다. 햐! 성공이다.

나에게도 아직은 임기응변 능력이 살아 있구나 하고 안도의 숨을 내쉰다.

그리고 얼마 후 동창 몇 커플이 정기적으로 만나는 자리에서 화제가 건망증에 관한 이야기로 옮겨 갔다. 여기저기서 자랑 아닌 자랑 삼아 자기 경험담들을 목청 높여 소개하는데 한 친구가 내 아내에게 "저 친구는 아직은 괜찮지요?" 하며 나를 지목한다.
지금까지 조용히 듣고 있던 아내의 입에서 상상치도 않던 일갈이 터져 나온다.
"자기 처의 이름도 잊어버리던데요 뭘⋯⋯."
몇 개월 전 주민 센터에서 기지를 발휘해 잘 넘겼다고 굳게 믿고 있었는데 그게 아니었다. 여자의 뛰어난 육감으로 이미 알아차린 것이었다.

나이 들어 가면서 활성화되는 것 중의 하나가 동창들의 월례 모임인 것 같다. 직장에 다닐 때는 동창회 간부의 하소연에도 꿈쩍하지 않던 친구들이 이제는 다음 달 모임이 언제인가 하며 기다린다고들 한다.
이런 모임에는 통상 열 명 내외의 인원이 모이게 마련이다. 소주나 한잔 걸치고 나면 화제는 정치와 종교를 제외하면 어떤 내용이 되었든 상관이 없다는 불문율에 의해 별의별 토픽이 이야기 거리가 된다. 여기서 거의 빠지지 않고 한 번쯤 스치고 지나가는 것 중 하나가 건망증과 치매에 관한 이야기다. 어떤 친구는 마누라의 부탁으로 시장을 갔는데 부탁받은 네 가지 중 두 가지가 끝내 생각이 나지 않아 집에 돌아가 낭패를 당했다고 했다.

  다른 친구는 아침 식사 후 약을 먹어야 하는데 건망증으로 두 번을 먹었다고 했다. 또 어떤 친구는 비상금으로 5만 원권 몇 장을 어디엔가 숨겨 넣어 두었는데 찾을 수가 없다고 했다. 들어 보니 다들 별것도 아닌 정도의 증상을 마치 치매 초기나 된 것처럼 호들갑을 떠는 것 같다. 이제 몇 년 후면 결혼 50년이 되는 나는 그 긴 세월을 같이 살아온 마누라 이름도 잊어버리는 처지인데…….

2016. 10.

치과와 임플란트

　세상에는 치과에 가기를 좋아하는 사람도 있을까?
　특히 유년기부터 치과에 다녀 본 사람이라면 치과에 가는 것이 '살 떨리는' 일임에 틀림없다. 치아 건강도 유전적인 영향이 큰 것으로 알고 있는데 아마도 나의 경우는 모계의 영향을 받아서인지 다른 친구들보다 어려서부터 치과를 많이 들락거렸다. 나의 유치幼齒 갈이가 시작된 시점인 1950년대는 개업 중인 치과가 많지 않았다. 뿐만 아니라 여순 반란 사건과 6·25 전쟁으로 사회가 극심한 혼란에 빠져 있던 시기여서 피난길에 오르지 않고 계속 진료 중인 치과는 극히 드물어 치료 시기를 놓치는 일이 허다했다. 다행스럽게도 우리가 살고 있던 읍내에는 하나뿐인 치과에 연세가 지긋하신 의사 선생님이 피난을 떠나지 않고 의원을 지키고 있었다.

지금 생각해도 의아스러운 것은 어렸을 때 왜 치통은 하필이면 밤에만 찾아왔는가 하는 것이다.

지금이야 아스피린이나 타이레놀 등 치통 약이 널려 있다. 하지만 그때는 유일한 대책이라면 찬물을 입에 머금고 잠시 동안 치통을 느껴지지 않게 하는 그야말로 원시적인 방법뿐이었다. 입속 물의 찬 기운이 없어지면 도로아미타불이 되어 다시 치통이 시작되기 마련이었다.

치통 때문에 뜬눈으로 밤을 새우다시피 한 어느 날 아침 어머니 손에 이끌리어 처음으로 치과를 방문했던 날의 기억은 지금도 머릿속에, 마치 엊그제 일어난 일같이 뚜렷하기만 하다. 치과 의원은 집에서 걸어서 10여 분 정도 떨어진 곳의 적산 가옥이었는데 이 적산 가옥은 목재 건물의 기와집으로 그런대로 그 시절 읍내에서는 반듯한 축에 들어가는 건물이었다. 삐걱거리는 복도를 지나 치료실에 들어가니 흰 가운을 입은 연세가 지긋해 보이는 의사 선생이 잔뜩 겁을 먹은 나에게 의미심장한 미소를 보내며 진찰용 의자에 앉으라고 눈짓을 했다. 그리고 나의 입안을 자세히 보더니 어머니와 몇 마디 말을 나누었다. 그러고는 눈앞에 걸어 놓은 뾰족한 물체를 내 입안에 넣고 재봉틀 페달을 밟듯이 발로 페달을 밟아 벌레 먹은 이를 갈아 내기 시작했다. 원 세상에, 치과 의자에 앉아 기계로 이를 가느니 차라리 찬물 머금고 치통을 참는 게 낫지!

치료하는 동안 얼마나 용을 썼는지 모든 근육이 며칠 동안 뻐근했을 뿐 아니라 밤에 자다가도 치과 생각만 하면 벌떡 일어날 지경이었다.

그런데 그것이 끝이 아니고 시작이었다. 몇 번을 더 다녀야 했다. 그 후로 치아 관리에 나름대로 신경을 많이 썼음에도 청, 장년 시절 다른 사람보다 더 자주 치과를 찾아다녀야 했다.

50대 후반이 되었다.

신문이나 텔레비전에 임플란트 광고가 심심치 않게 나돌기 시작하더니 내 주위에서도 용감하게 임플란트를 시도한 사람들이 하나둘 나타났다. 하지만 나는 '턱뼈에 나사를 심는' 것 같은 모험은 시도할 의사가 조금도 없었다. 어렸을 적부터 머릿속 깊이 자리 잡은 '이를 기계로 가는 데 대한 트라우마'가 원인이었을 것이다. 하지만 이런 소강상태는 오래 가지 못하였다.

위쪽 어금니에 틀니를 만들어 끼워 넣거나 임플란트를 해야 할 처지가 된 것이다. 틀니의 불편함을 익히 알고 있던 데다 주위 사람들의 권유도 만만치 않아 임플란트를 하기로 했다. 도살장에 끌려가는 기분으로 친구가 추천한 종합병원의 치과를 찾았다. '임플란트는 윗니 쪽이 아랫니 쪽보다 어렵다'는 정도의 예비지식을 가지고…….

작업을 시작하고 몇 번째 갔을 때인가 기억을 못 하지만 그날은 아마도 심(나사) 같은 것을 심는다고 했다. 눈을 감고 있으니까 정확히는 알 수 없었지만 드릴 같은 전동 기구로 작업을 하는지 윗턱 뼈를 통해 전달되는 소리와 진동이 기분 좋은 것은 아니구나 하는 생각을 하고 있었다. 그때쯤 갑자기 작업이 중단되고 소란스러워지더니 간호사들이 나를 이동용 의료 침대로 옮긴 후 황급히 외과 수술실로 밀고 갔다. 영문을 몰라 어리둥절해 있는 사이 따라온 치과 의사가 수술실 의사에게 귓속말을 하더니, 수술실 의사가 누워 있는 내 입안을 들여다보려 다가왔다. 윗턱에 나사 심기 작업을 하던 중 나사가 뼈를 관통하여 뼈 위쪽의 공동空洞 쪽으로 들어가 버린 것이란다. 답답해진 내가 일어나 침대에 앉는 순간 작은 금속성 물질이 혀 위로 떨어지는 느낌이 있어 끄집어내 보니 문제의 나사였다. 큰 수술이나 할 것처럼 긴박하게 움직이던 수술실이 갑자기 필름 끊어진 영화 화면마냥 일순 정지해 버렸는데, 그때 치과 의사의 어색해하던 얼굴 표정이란……. 이런 우여곡절을 겪으면서 시작한 임플란트 사업은 그 어금니 하나로 끝나지 않고 그 후로도 끈질기게 이어져 몇 개의 이를 임플란트 했는지 말하기 거북할 정도가 되었다. 누군가 물어본다면 그저 포니 차 한 대 값이 입안에 들어가 있다고 대꾸할 뿐, 상대가 놀랄까 봐 결코 개수를 말하지 않는다.

나는 그렇다 치고 집사람이라도 건강한 치아를 가지고 있다면 2세들의 치아는 멘델의 법칙으로 보아 약간의 희망이라도 있을 것이었다. 아쉽게도 치아 건강에 관한 한 아내도 나와 어깨동무

할 정도다. 아내는 아이들이 어려서부터 애들의 치아 관리에 신경을 곤두세우고 무슨 말인지 잘 알아듣지도 못할 어린애들에게 결혼 상대를 데려올 때 치아가 좋지 않은 상대는 안 된다고 미리 못을 박기도 했다.

그래서인지. 세 녀석들이 결혼 적령기가 되었을 때였다. 사귀는 여자친구가 있으면 부모에게 소개해야 되는 것 아니냐? 라는 아내의 다그침에 이 녀석들의 대답은 한결같이 "치아가 건강한 여자 친구를 사귀니 걱정하지 마세요"였다.

"건강한 치아는 오복 중의 하나다."라고 하는데 나와 같이 치아 복이 없는 사람은 이렇게 치아와 관련한 에피소드라도 건지기 마련이다.

2017. 12.

탈원전 정책 유감

　새 정권(문재인 정부) 출범 후 불과 한 달도 지나지 않은 시점에 후보 시절 내걸었던 선거 공약 중의 하나인 '탈원전脫原電' 이야기를 공식화하더니 급기야 이미 시공에 착수한 원자력발전소(신고리 5, 6호기)의 건설을 중단시켰다. 공사 중단으로 인한 매몰비용만 3천억 원을 훌쩍 넘긴다고 한다. 국가 장기 전력 수급 계획에 대한 깊은 성찰과 검토도 없이 즉흥적으로 내린 결정 같아 매우 황당한 느낌이다. 특히 원자력과 신재생에너지 분야에 종사한 경험이 있어 이 분야에 약간의 지식이 있는 나로서는 갓 출범한 정부가 이러한 폐쇄적이고 즉흥적인 정책 결정과 운영 방식을 국정의 다른 이슈에도 같은 방식으로 적용하는 것은 아닐지 지극히 걱정스럽다.
　선거 기간에는 '탈원전'을 공약으로 내세울 수도 있다. 선거에

임하면 유권자의 '표'밖에 보이는 것이 없을 테니까!

그러나 탈원전 대안으로 정부가 제시한 친환경 재생에너지는 안정적인 에너지원이 아닐 뿐 아니라 비효율적인 에너지원이다. 또한 기저부하基底負荷를 원자력 대신 비효율적이고 신뢰성이 낮은 재생에너지로 담당케 하겠다는 거나 다름없는 정부의 설명은 마치 전장에서 탱크 대신 군용 지프차로 전투를 하겠다는 것이나 다름없다. 그리고 엄청난 투자 비용, 원자력 대비 두서너 배의 전력 요금은 국민의 몫이 될 것이다. 또한 경쟁력을 상실한 기업들은 국제 경쟁에서 어떻게 하라는 것인지?

집권 후 고도의 전문성과 실무 경험을 구비한 관련 기관과 학계의 심도 있는 검토와 분석을 통해 '탈원전'이 국가 경제와 산업 그리고 국민 생활에 미치는 영향을 검토하고 그 공백을 최소화할 보완 대책이 준비된 시점에 공론화를 시도해야 될 중요한 사항이었는데 취임 후 한 달도 안 된 시점에 공사 중단을 결정하다니. 그렇게 시간적 여유가 없는 초긴급 사안이었단 말인가? 또한 에너지 안보 측면으로는 어떤 대안을 준비해 놓았는지? 유럽 진보 좌파가 세력 확장을 위해 선두에 내세운 정치적 의제인 '환경, 기후 및 원자력'을 어깨 너머로 얻어들은 한국 진보층이 일본 원전 사고에 놀라 감성적으로 이 의제에 매몰되어 '탈원전'을 신념으로 굳힌 것은 아닌지 매우 당혹스럽다.

가족 몇 명을 책임지는 일개 가장일지라도 가계에 장기적으로 큰 영향을 끼칠 사안이라면 보완 대책에 대한 확신을 얻기까지는 경솔하게 무리한 결정을 하지 않을 터인데. 어떻게 국민 모두에게 영향을 끼치고, 나아가 우리나라 산업의 경쟁력에 큰 흠집을 낼 수 있는 국가 에너지 문제를 이렇게 경솔히 다루는 것인지 어안이 벙벙할 뿐이다.

또 다른 불길한 징조는 해당 업무를 관장하는 장관의 입이다. "앞으로 5년간 전력 요금을 올리는 일은 없을 것이다."라는 무책임한 언급과 "정부의 정책에 순응하지 않는 공기업 대표는 일을 같이 할 수 없다."라는 협박성 발언이다. 역대 정권에서 보지 못했던 적폐에 준하는 발언이다. 이분은 국가의 백년대계를 바탕으로 국가 정책을 수립하고 집행하는 사람이 아니고 겨우 5년 범위의 시야와 비전을 가진 인물이 아닌가?

전기 요금을 올리지 않는 방법은 여러 가지가 있다. 전력 회사의 손실을 국민의 혈세로 충당해 주거나 전력 회사에 손실을 떠맡겨 부실 공기업을 탄생시키거나 5년 후 전력 대란(블랙아웃)을 감내하기로 하고 신규 투자를 중단하거나……. 이 중 어떤 방법을 택하든 간에 후일 그로 인한 고통은 국민과 산업계 몫일 뿐이다.

신고리 5, 6호기의 중단 여부를 최종 결정할 공론화 위원회 500명의 구성이 완료되었다는 신문 기사를 며칠 전 보았다. 최고의 전문 지식을 필요로 하는 사항인데, 공평하게 한다는 핑계로 전문가를 배제한 위원회가 어떻게 합리적인 결론을 유도한다는 것인지? 지금부터 2500년 전 가장 자유롭고 평등한 사회를 지향한 아테네에서 500명의 배심원 중 360명의 찬성으로 소크라테스의 사형이 결정되었다. 소크라테스는 당대의 최고 현인이자 서양 철학의 창시자이기도 하며 2500년이 지난 오늘날에도 스티브 잡스가 『뉴스위크』와의 인터뷰에서 "소크라테스와 오후를 함께할 수 있다면 애플 전체를 걸 수 있다."라고 말할 정도의 존경을 받는 현자다. 그런데 '아테네 젊은이들을 현혹한다'는 죄명으로, 이성적 판단이 불가능한 500명의 집단이 현인을 살해한 것이다. 귀스타브 르 봉의 "군중은 이성적 사고는 거의 못 하는 반면에 행동하는 데는 아주 민첩하다."라는 100년 전의 지적이 새삼스럽게 가슴에 와닿는다.

적어도 한국 정부에게 "한국 정부의 탈원전 정책은 재앙과 같습니다. 환경은 물론이고 한국의 국가 안보와 경제를 위태롭게 한 결정이었습니다."라는 미국 환경 전문가 마이클 셸런버거[1]의

---

1) 미국 환경 진보 대표. 극렬한 반핵 운동가로 그가 문제인 정권의 탈원전 선언 직후 한국을 방문하여 미국 에너지 전문 그룹의 서명을 담은 공개서한을 청와대에 전달한 바 있다. 그 당시 그의 『조선일보』 인터뷰 기사를 일부 발췌하여 아래에 소개한다.
"신재생에너지는 안정적인 에너지원이 아니다. 신재생에너지의 에너지 밀도는 화석연료와 우라늄보다 턱없이 낮다. 게다가 발전을 위해 넓은 땅과 막대한 천연자원이 필요하다. 원전 1기와 같은 양의 전기를 생산하기 위해 태양광 설비단지는 원전의 150배, 풍력

충정 어린 충고(「그릇된 공포에 에너지의 미래를 맡기려는가」)를 이성적으로 되새겨 볼 수 있는 지도자가 우리에게는 없다는 것인가?

2017. 10.

발전소는 750배의 땅이 필요하다. (중략) 한국 내 원전을 태양광으로 모두 대체하려면 서울 면적의 5배 넘는 공간이 필요하다." — 마이클 셸런버거, 「그릇된 공포에 에너지의 미래를 맡기려는가」(조선일보, https://biz.chosun.com/)

『우동 한 그릇』

"저…… 우동 1인분만 주문해도 괜찮을까요?"
뒤에서는 두 아이들이 걱정스러운 얼굴로 쳐다보고 있었다.[2]

이렇게 시작하는 『우동 한 그릇』은 1988년 출판한 일본의 작가 구리 료헤이栗良平의 단편소설이다. 일본의 한 중의원 의원이 의회에서 낭독을 하여 회의장을 눈물바다로 만들었다는 작품이다.

이 책이 번역되어 국내에도 바로 소개되었는데 내가 지방에 있는 공장에서 근무하고 있을 때였다. 주문한 책을 처음 받아들었을 때, 단편소설이라는 것은 알고 있었지만 얄팍한 두께와 표

---

[2] 구리 료헤이, 『우동 한 그릇』, 청조사, 2008

지 도안이 주는 느낌이 동화책 같은 느낌이어서 '이 책이 어떻게 닳고 닳은 정치인들의 심금마저 울릴 수 있었을까' 하는 의구심도 적지 않았다. 하지만 이런 의심은 책을 읽기 시작하면서부터 사라지고 부지불식간에 책 속으로 깊이 빠져들었다. 처음에는 별 감흥 없이 읽기를 시작했는데 페이지를 넘길수록 감정의 기복이 심해지더니 마침내 눈물을 흘리고 코를 훌쩍이는 사태까지 벌어진 것이다.

1인분의 우동을 시키고 주문을 받아 줄까 걱정스러워했던 세 모자, 이들의 행색을 보고 1인분의 한 덩어리와 거기에 반 덩어리를 더 넣어 끓이는 주인 남자.

한 해를 보내고 12월 31일 밤 10시에 두 아이를 데리고 다시 나타난 여자가 주저하면서 작년과 같이 1인분의 우동을 주문한다. 작년과 같은 2번 테이블로 안내하고 주방의 남편에게 3인분을 내주자고 귀엣말을 하는 여주인에게 그러면 손님이 도리어 거북하게 여길 거라며 하나 반을 삶는 주인. 그다음 해의 섣달그믐날이 되자 9시 반이 지날 무렵부터 테이블에 '예약석'이란 팻말을 놓아 두고 메뉴판의 '우동 200엔'이란 글자를 150엔으로 교체하고 세 모자가 나타나기를 기다림에 안절부절못하는 북해정 주인 내외.

10시 반이 지나 다시 나타난 세 모자는 이번에는 2인분을 시킨다. 우동 2인분이라고 답한 주인은 둥근 우동 세 덩어리를 뜨거운 국물 속에 집어 넣는다. 돌아가신 남편이 일으킨 교통사고로 부상을 입었던 사람들에게 매달 지급했던 배상금을 오늘에야 다 갚았다고 설명하는 엄마에게 신문 배달과 집안일 돕기를 계속하겠다는 아이들. 그 이야기에 카운터 깊숙이 웅크리고 한 장의 수건 끝을 서로 잡아당길 듯이 붙잡고 흘러 나오는 눈물을 닦는 주인 내외. 다시 1년이 지나 북해정은 2번 테이블을 비워 놓고 기다렸으나 세 사람은 나타나지 않는다.

장사가 번성하여 가게 내부를 수리하게 되었지만 그 2번 테이블만은 그대로 남겨 둔다. 수년의 세월이 흐른 어느 해 섣달그믐날. 정장 차림의 두 청년과 화복 차림의 부인이 들어와서 우동 3인분을 시킨다. 14년 전 섣달그믐날 찾아와서 주저하며 우동 1인분을 시켰던 그 사람들이었다. 이제 종합병원의 의사로 근무하게 된 형과 은행원이 된 동생. 그들이 섣달그믐날 어머님을 모시고 지금까지 인생 가운데에서 최고의 사치스러운 계획을 세우고, 북해정을 찾아 3인분의 우동을 시킨다. "새해 복 많이 받으세요."라고 세 모자에게 힘을 북돋아 주었던 북해정 주인 내외에게 감사를 드리러 찾아온 것이다. 이상이 이 책의 대략의 줄거리다.

사실 줄거리에서 볼 수 있듯이 우동 한 그릇을 시키는 세모자와 유사한 어려운 환경에 처한 사람들을 우리들 주위에서 어렵지 않게 찾을 수 있다. 또한 한국 전쟁의 폐허에 던져진 우리의 어린 시절도 소설 속의 주인공들보다 더 나을 것도 없었던 시절이었으니 낯선 이야기도 아니다. 그런데도 책을 읽는 동안 가슴 깊은 곳으로부터 밀려오는 감동과 훈훈한 느낌이 격앙되는 이유는 무엇일까?

전후 반세기도 훌쩍 넘는 시간 동안 개발 시대와 산업화 시대를 거치면서 생활 수준은 제고되었지만 살벌해진 인심과 심각한 생존 경쟁에 던져진 우리 세대가 이 소설에서 소멸되었던 인간애와 전통적인 가족 사랑을 발견하고 감격했기 때문일 게다.

나는 사실 소설 속의 주인공이 세 모자라기 보다는 북해정의 여주인과 주방장인 남편이라고 생각한다. 걱정스럽게 우동 한 그릇을 시키는 손님이 눈치 채지 못하록 반 덩어리를 더 넣어 삶는 주방장인 남편. 3인분을 넣어 주자는 부인에게 손님이 도리어 거북하게 여길 거라고 말리는 남편. 그다음 해의 섣달그믐에는 이들이 찾아올 시간이 다가오자 메뉴표의 가격을 종전 금액으로 바꿔 놓고 기다림에 안절부절 어쩔 줄을 몰라 하는 주인 부부. 세 모자 간의 이야기를 듣고 카운터 뒤에 웅크리고 앉아 눈물을 닦는 주인과 여주인. 10여 년간 세 모자를 위한 테이블을 예약석으로 남겨 둔 이들이 진정한 소설의 주인공인 셈이다.

오늘날 우리 현실에서는 눈 씻고 찾아보려고 해도 찾기 힘든 아름답고 훈훈한 세상을 이 책에서 읽고 감동을 하지 않을 수 없지 않은가!

비록 실화가 아닌 소설 속의 허구라고 해도 우리가 동경하는 아름답고 따뜻한 세상을, 잠시 동안이지만 맛보았던 행복감에 흘리는 감격의 눈물을 어느 누가 감히 탓하리오!

1989. 12.

첫 등산

청계산보다 높지 않다는 말만 믿고 등산 초보가 등산 베테랑들인 '빨치산(고교 동창회 등산 모임)'의 수리산 겨울 등산에 동행하게 되었다. 시작은 그런대로 기대에 어긋나지 않게 경사도 완만하고 발바닥에 와 닿는 흙길의 감촉마저 부드럽다 못해 감미롭게 느껴져서 입빠른 소리를 하고 말았다. "대모산 흙길보다 더 부드럽고 감촉이 좋은데?"라고…….

한 시간 반 가까이 오르다 보니 첫 번째 봉우리에 다다른다. "수리산이 생각보다 어렵지 않군." 하고 중얼거리는데 에계! 이게 무슨 일이야? 표지판을 보니 겨우 해발 195미터라고 적혀 있다. 앞으로도 300미터 정도가 더 남아 있다는 계산이 나온다.

가이드인 김정성 군은 "이제 겨우 시작일 뿐인데!"라며 핀잔을 준다. 아니 한 시간 반을 걸어 올라왔는데 이제 겨우 시작이라니? 대모산은 그 정도면 정상에 도달하고도 남을 시간인데 이게 어떻게 된 거야? 벌써 12시인데 점심은 언제 먹는 거야? 거기다 흙길은 온데간데없고 점점 칼바위와 가파른 경사만 시야에 어른거린다. 턱까지 차던 호흡은 그런대로 잦아진 것 같은데 약간 남아 있던 감기 기운 때문인지 웬 콧물은 그렇게 쉴 새 없이 흘러내리는지 체면이고 뭐고 없이 코를 풀어 대고……. 평소 사용하지 않던 근육들이 아우성을 치다 못해 태업 일보 직전까지 간 것 같다.

  빨치산 대원들은 뒤처진 내 페이스에 맞추느라 속도 조절을 하는 모습이 역력하고, 종국에는 뒤에서 나의 엉덩이를 밀어 올려 주기까지 하는 지경이 되었으니 이만저만한 민폐가 아닐 수가 없다.
  역시 산을 종주한다는 것은 쉬운 일이 아닌가 보다. 한 봉우리를 오르면 다음 봉우리가 기다리고 있고 또 그 너머에는 또 다른 봉우리가…….
  방정맞게도 칼 부세의 시가 떠오른다.

    산 너머 저 너머에
    행복이 살고 있다기에
    (…)

눈물 글썽이며 되돌아왔네[3]

망각이란 참으로 좋은 것인가 보다.

마지막 봉우리에 오르자, "등산하는 녀석들 믿지 못하겠군. 전혀 힘들지 않다더니 오후 3시가 지나도록 점심도 쫄딱 굶기고." 하며 중얼거렸던 불평은 안개 걷히듯 사라지고 호연지기의 기개로 "야호!" 하고 냅다 소리를 질러 본다.

용혜원의 시 「친구야」를 우연히 읽고 수첩에 적어 놓았던 구절 하나를 빨치산 대원 여러분에게 적어 보낸다.

덧없는 세월 흘러가기 전
만나 보고 사세
(…)
자주 만나야 정도 들지[4]

2012. 1. 31.

---

3) 칼 부세, 「산 너머 저쪽」
4) 용혜원, 「친구야」

대가

중학교 다닐 때 일이니까 아주 오래전 이야기입니다.

자칭 호남의 영재들이 모인 학교에 다닌다는 자부심으로 은근히 으스대던 어린 시절이었습니다. 이 학교는 한 달에 한 번씩 전교생이 합동으로 하는 조회가 학교 운동장에서 열렸습니다.

당시 교육계에서 덕망이 높아 존경을 받던 교장 선생님이 어느 날 조회에서 하신 말씀이 60년도 더 지난 요즈음 머릿속에서 새삼스럽게 맴돌고 있습니다.

교장 선생님은 당신의 학생 시절을 돌이켜 보면 학업 성적도 우수했을 뿐 아니라 다방면에 다재다능하여 친구들의 부러움을 한 몸에 받았고 사회에 진출하여서도 여러 분야에 고루 지식을 갖춘 인재 즉 제너럴리스트가 되었다는 것입니다. 반면 한 친구는 당신과는 달리 소위 실력이나 재능이 뛰어나지 않아 학생 시절 열등감으로 괴로워하기도 했으나, 한 분야만 줄곧 파고들어 몰두하더니 수십 년이 흐른 후 그 분야의 대가大家가 되어 사회로부터 존경받고 또 사회에 공헌하는 인사가 되었다는 것이었습니다.

결론은 아마도 한 분야를 끈기 있게 파고들어 그 분야의 최고 실력자가 되라는 말씀이었을 것입니다. 그 당시 코흘리개를 벗어난 지 오래지 않았던 어린 우리들 중에서 교장 선생님의 말씀을 제대로 이해했던 학생은 저를 포함해서 아무도 없었을 것입니다. 저 역시 이 말씀이 갖는 깊은 의미를 이제 당시의 교장 선생님의 연배가 되어서야 겨우 이해하기 시작했으니까요. 그로부터 60년도 더 지난 이제 와서 새삼스럽게 스페셜리스트가 부러워지는 것은 웬 철부지 짓입니까?

얼마 전 서예 대가 한 분의 희수喜壽 기념 근작近作 전시회가 열린 인사동 미술관을 찾았습니다. 초대 시간보다 두 시간이나 일찍 전시장을 찾았습니다.

초대 시간에 임박해서는 많은 사람들로 선생을 뵙는 것도 쉽지 않을 것 같아서 일찍 찾은 것입니다. 입구부터 활기찬 모습이 전시회가 성황을 이룰 것이 틀림없어 보였습니다. 아니나 다를까 1, 2층 전시실이 벌써 이 대가의 작품을 관람하기 위해 찾아온 서예 동호인들로 붐비고 있었습니다.

2년 만에 뵙는 선생은 썩 건강한 모습은 아니었습니다만 예리

한 눈빛은 여전했습니다. 선생의 예리한 눈빛만큼 빛을 발하는 현란한 작품들을 눈앞에 두고 직접 감상할 수 있었던 것은 행운이었습니다. 이 노대가를 소개하는 기사들 중에 "지난 50년 동안 먹물이 마르지 않았던 삶"이라는 구절이 말해 주듯 그토록 오랜 시간 동안 오직 한 분야만을 파고들어 이룩한 경지가 어떤 수준인가를 작품들이 보여 주고 있었습니다.

소위 전문가라고 불리는 사람이 되기 위해서는 특정 분야에 '순도 높은 의도적 연습deliberate practice을 수만 시간 쏟아부어야 한다는 연구가 오래전에 발표되었습니다. 하루에 열 시간씩 순도 높은 연습으로 1년이면 3600시간, 3년을 꼬박 해야 1만 시간을 채울 수 있으니 대가가 아닌 전문가가 되기 위해서도 앞으로 10년이 소요됩니다. 하물며 대가가 되기 위해서는 반백 년 이상의 피나는 노력과 끊임없이 솟아오르는 열정이 뒷받침되어야만 이룩할 수 있는 경지일 것입니다.

그러하거늘 취미 삼아 그린 몇 점의 수채화를 보고 나에게 친구들이 '이 화백'이라 불러 주는데 그만 우쭐해져서 시작한 지 겨우 2년 남짓한 수채화. 그 실력에 성급하게 첫 개인 전시회를 열고, 사회생활 하면서 알게 된 많은 분들에게 부끄럼도 없이 초대장을 날리고, 졸작들을 친구들에게 선물로 건네면서 당신의 거실 중앙에 걸어 놓으란 으름장까지 놓았으니 새삼스럽게 얼굴이 달아오릅니다.

　앞으로 살아갈 날이 많지 않은 우리 나이에 전문가가 되겠다고 새로운 분야를 시도하는 것은 어리석은 짓이 아닐까요?
　아무래도 제가 주제 파악을 아직 못 하고 이런 황당한 그림을 그리고 있나 봅니다. 내일부터 손자 손녀들의 재능이나 유심히 관찰하는 게 주제 파악을 한 자세일 것 같습니다.

2020. 12.

고령자 운전면허 반납

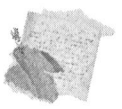

얼마 전 어느 모임에서 80대에 접어든 선배 한 분이 최근에 운전면허증을 반납한 후 경험했던 감정적 충격에 대해 이야기했다.

80을 넘으면서 기력이 떨어지고 반사 신경도 예전 같지 않아 아찔한 순간도 겪다 보니, 운전하는 것이 겁이 나서 최근 몇 년간은 가급적 대중교통을 이용하였다고 했다. 10여 년도 넘게 타고 다니던 차를 아파트 주차장에 하릴없이 세워 놓고 보험료와 자동차세는 꼬박꼬박 납부하며 지내던 터에, 정부에서 고령자의 운전면허 반납을 장려하니 차라리 이번 기회에 면허증을 반납하고 차 없이 지내도 별로 불편할 게 없을 것 같았다고 했다. 그래서 마음이 변하기 전에 경찰서에 면허증을 반납하고 홀가분한 기분으로 귀가를 했다고 했다.

다음 날 아침 외출을 하려고 무심코 주차장으로 내려가 보니 상시 주차해 놓았던 자리에 낯선 차가 자리 잡고 있는 것을 보는 순간, 전날 운전면허증을 반납하고 폐차까지 한 생각이 떠올라 가슴이 덜컹하며 평소에 경험하지 못했던 허전한 느낌이 충격적으로 밀려왔다고 했다.

평소 같으면 이 이야기에 참석자들의 떠들썩한 농담성 뒷말이 이어졌을 텐데 이번에는 약간 예상을 빗나갔다.

몇몇은 수긍이 간다는 의미로 고개를 끄덕이고 있었고 몇은 묵묵히 눈알을 굴리고 있는 게 그 말의 의미를 곱씹으며 앞으로 머지않은 장래에 본인에게도 들이닥칠 이 우환이 과연 어느 정도 심각한 것인지 궁리하고 있는 모습이었다.

나라고 예외일 수는 없지 않은가!

지금은 남녀 불문하고 운전면허는 모든 사람의 필수품이 되었다. 하지만 드럼통을 편 철판을 손으로 두들겨 모양을 만든 '시발始發 자동차'가 운행 중이던 1960년대 말 당시는 자동차 자체가 워낙 귀해서 일반인이 차를 운전할 기회는 거의 없었다. 따라서 운전면허도 필요 불가결하지는 않았다. 그래도 운전은 모든 젊은 남자들의 꿈이요 로망이었다.

군 복무를 마치고 막 제대한 나는 군 복무 중 자동차 운전을 틈틈이 배워 둔 덕분에 운전면허를 일찍이 취득할 수 있었다.

돌이켜 보면 지금까지 반세기도 넘게 운전면허를 소지하고 있는 셈이다.

그런데 고령자가 되었다는 이유로 반세기 동안 불평 한마디 없이 수족이 되어준 문명의 이기를 사용할 자격을 포기하라는 것에 충격이 없을 수 없지 않은가? 단순히 자율적인 이동 수단이 없어진다는 것과, 이에 따른 자립성과 독립성이 제한을 받는 것. 그보다 훨씬 심각한 점은 이제 능동적 생활인으로서는 '끝난 사람'이라는 상징적 의미가 주는 심리적 상실감일 것이다.

그러함에도 선배가 받았던 충격을 나도 고스란히 이어 받을 시간이 슬금슬금 다가오고 있는 셈이다.

2020. 10.

미국산 쇠고기 파동

"군중은 이성적 사고는 거의 하지 못하는 반면에 행동하는 데는 아주 민첩하다."
"군중은 파괴를 할 때에만 힘을 가진다."

위의 두 구절은 프랑스 사회심리학자 귀스타브 르 봉Gustave Le Bon이 1895년에 펴낸 『군중심리학』이란 저서에 나오는 글이다. 마치 110년 후 '미국산 쇠고기 파동'으로 벌어질 한국 사회의 원시적인 양태를 적나라하게 묘사한 것 같아 섬뜩한 느낌마저 든다.

미국산 쇠고기 반대 시위와 집회 행렬로 서울 시내를 수 개월간 마비시키고 국민을 불안하게 한 시위대들, 자녀들을 학교 대신 시청 앞 광장에 데리고 나와 촛불 집회에 열을 올렸던 주부들, 순진무구한 어린이에게 "미국산 쇠고기를 먹고 죽을지 몰라 무섭다."라고 가르쳐 인터뷰에 내보낸 어른들. 이 모두가 르봉의 시각에서는 이성적 판단력을 상실하고 파괴에 힘을 보탰던 "군중의 무리"가 아니었을까?

고등 교육을 받은 많은 중산층 한국인들이 이 군중 집회에 참가하여 과학적 상식 대신에 괴담을 믿고 선정煽情주의와 사실 왜곡에 경도된 것은 자신들이 군중으로 바뀌었다는 사실 자체만으로도 일종의 집단정신을 가지고 집단의 일반적 특징의 하나인 암시에 걸리기 쉬운 상태에 빠져들었던 것이 아닐까? 이런 심리 상태에 놓인 군중은 대개 무엇인가에 관심을 가지고 기다리는 상태다. 그러므로 특출하게 뛰어나지 않은 선동가일지라도 군중에게 간단한 감성적 암시를 준다면 집단 속에서는 빠른 속도로 전염이 이루어지고, 종국에는 군중의 신념으로 바뀌는 것은 어렵지 않은 일이 아닐까?

"한국인들이 미국인들보다 광우병에 감염되기 쉬운 유전자를 갖고 있다."라는 근거가 희박한 텔레비전 프로그램 정도라면 중산층만 아니라 지식층들조차 이 암시의 올가미에서 벗어날 수 있었을까? 이 프로그램을 방영하여 사실 왜곡에 결정타를 날린 텔레비전 방송 담당자들은 선동가인가 아니면 "국민건강 수호"의 전사인가?

당시 시위나 집회에 앞장서서 선동을 주도하고 군중을 과격한 방향으로 이끌었던 정치가나 시민 단체 지도자들의 식탁에는 수입 쇠고기에 대한 히스테리가 사라진 지금도 여전히 값비싼 한우만 올라가고 있을까?

여기서 또 다른 프랑스 사회심리학자인 세르주 모스코비치 Serge Moscovici의 다음과 같은 지적이 우리를 씁쓸하게 한다.

"능동적 소수 집단들이 다양한 정파나 시민 단체의 이름으로 사회적 정치적 변화를 주도하여 자신들의 기득권을 극대화함으로써 국가를 무기력화하고 있다. 이들은 의회민주주의의 표류를 초래하기도 한다."[5]

2017. 11.

---

5) 세르주 모스코비치 저, 문성원 번역, 『다수를 바꾸는 소수의 심리학』, 뿌리와 이파리, 2010, p.

러시아 인형 마트료시카

 동서 냉전이 한 창이던 1970년대 말 일본 항공편JAL으로 모스크바 경유 유럽 출장을 가게 되었다. 모스크바 경유라는 점이 약간 찝찝했으나 회사 총무부 여행 담당자의 말에 의하면 유럽에서의 일정에 맞추기 위해 불가피하게 잡은 여행 코스라고 했다. 비록 통과 여객이라지만 적성 국가의 본산本山인 소련의 수도를 들른다는 것에 어쩐지 으스스해지면서도 약간의 스릴도 있을 것 같았다. 그 시절 동서 냉전으로 워낙 살벌했던 분위기와 30년도 더 넘게 받아 온 반공 교육의 영향이었을 것이다.
 처음부터 삐걱거려 일본에서 한 시간 가까이 지연해서 출발했다. 우리가 탑승한 기종은 B707로, 승객 100여 명이 정원인 중형 여객기였다. 일반적으로 항공사들은 국제 장거리 비행에 B747과 같은 대형 기종을 투입하는데 당시 소련 당국은 자기들이 소

유하고 있는 여객기보다 더 큰 외국 비행기의 자국 영공 통과를 허락하지 않았다. 기술력이 앞선 서방 세계의 비행기를 자국민들에게 보이고 싶지 않아서라고 한다.

시베리아 상공을 통과하는 밤 시간 내내 기체 밖으로 보이는 것이라고는 눈으로 뒤덮인 숲과 동토凍土뿐이었다. 내려다보는 것이 싫증이 날 무렵이면 어둠이 짙게 깔린 동토 위에, 마치 망망대해 위에 조그만 쪽배 하나 떠 있는 것과 같은 지상의 불빛이 사람이 살 것 같지 않은 이 동토에도 촌락이 살아 숨 쉬고 있음을 보여 주는 것 같아 반가움과 측은함이 앞 섰다. 열 시간 넘은 비행 끝에, 모스크바 공항에 착륙한다는 기내 방송에 이어 기체 하강이 시작되었다. 큰 반경을 그리며 하강하는 비행기의 창문에 얼굴을 대고 그럴싸한 건물이나 조명을 찾았는데도 보이지 않아 두리번거리는 사이 기체가 활주로에 내려앉더니 트랩 방향이 아닌 유도로의 끝부분으로 끌려갔다. 아무런 기내 아나운스먼트도 없이 거의 한 시간 가까이 지체하더니 기체가 트랩이 있는 건물로 이동하였다. 나중에 들은 얘기로는 자정이 지나 도착한 관계로 관제탑으로부터 트랩 접근 허락이 떨어지지 않았는데 한 시간이 지나 겨우 상부의 승인을 받았다는 것이다. 소위 국제공항이라는 곳에서 자정이 지났다고 트랩 접근을 허락하지 않는 이유도 이해할 수 없었지만 상부 승인을 받는 데 한 시간씩 걸리는 것으로 보아 매우 경직된 시스템 아래 공항이 운용되고 있음을 알 수 있었다. 이런 경직된 시스템이 비단 공항 운용뿐 아니라 사회 전체를 옥죄고 있을 테니 그에 따른 사회적 비용이 얼마나 클 것인지 상상을 할 수가 없었다.

　승객 중 나를 제외한 대부분의 여행객이 유럽 여행을 가는 일본 관광객들로 보였는데 기체가 트랩에 도착하여 문을 열자 승객들은 서둘러 통과 여객 대기 장소로 몰려 나갔다. 그리고 너나 없이 바로 옆에 붙어 있는 면세점으로 몰려갔다. 여행객들이 서둘러 면세점으로 달려간 이유를 나중에야 알게 되었지만 당시에는 질서를 잘 지키는 일본 사람들이 왜 이렇게 질서도 없이 서두르나 하고 이상하게 생각했다.
　면세점에 진열된 상품들은 일견해서 빈약한 느낌을 주는 상품들이었는데 그나마 눈길을 끌 만한 것은 모피로 만든 모자, 목도리, 의류 등의 모피 제품과 소위 '마트료시카'라 불리는 러시아 목각 인형이었다. 나에게 모피류는 가격도 그렇고 부피도 만만치 않아 일찍이 관심권 밖이었으나 '어머니'라는 의미를 가지고 다산과 풍요를 기원해 준다는 러시아 인형은 하나쯤 사고 싶었다.
　이 인형은 뚜껑을 열면 그 안에서 약간 작은 인형이 나오고 다시 그 인형 속에서 또 작은 인형이 나오는 마치 양파 껍질 벗기는 것 같은 인형이어서 특이하기도 하고 적성국의 특산품으로 기념하기에 딱 알맞아 보였다. 중간 크기 정도의 마트료시카 하나를 고른 후 계산대 쪽을 바라보니 이미 많은 승객이 계산하기 위해 줄을 서 있었다. 계산대 세 대가 있었는데 두 곳은 비워 둔 채 계산대 한 곳에서만 제복 차림의 계산원이 계산을 하고 있었다. 탑승까지 반 시간 정도 남아 있었는데 계산대 앞에 줄 서 있는 인원으로 보아 아무래도 나의 차례가 오기 전에 문제가 생길 것 같기만 했다.

그런데 놀라운 것은 제복 차림의 두 여자가 빈 계산대 바로 뒤편에서 잡담을 하고 있는데 아무래도 현재 비어 있는 계산대의 주인들로 보인다는 점이었다. 줄을 서 있는 승객들 어느 누구도 입을 열지 않았지만 아쉬운 눈길로 잡담을 하고 있는 두 제복의 여인을 지켜보았다.

성질 급하고 대들기 좋아하는 한국 사람인 나는 어떠했을까? 나 역시 입을 꼭 다물고 아무 말도 하지 못하고 있었다. 감히 여기가 어디라고 항의를 하겠는가? 지금 반공 국가 국민인 내가 무시무시한 적성국의 수도에 신분 노출 없이 들른 것도 아슬아슬한 일인데 신분 노출을 하려고 항의를 해? 하는 심정이었으리라. 이때 탑승 안내 방송이 들렸다. 물건을 들고 계산대를 향해 줄을 서 있던 승객들이 일제히 흩어져서 손에 들고 있던 물건들을 원래 자리에 돌려놓기 위해 진열대로 몰려갔다. 아무리 생각해도 이런 코미디가 세상에 또 있을까? 나 역시 러시아 인형을 원래 자리에 돌려놓고 돌아서면서 제복의 여자들을 쳐다보았는데 그들의 잡담은 진행형이었다. 그녀들 눈에는 처량한 신세가 된 승객들의 처지는 전혀 관심이 없어 보였다. 아마도 우리가 투명 인간으로 보이지 않았을까?

　일본 관광객들은 가이드로부터 이미 이곳 공항 면세점의 실상을 들어 알고 착륙과 동시에 서둘러 면세점으로 달려갔던 것이다. 그런데도 반 정도의 승객만 물건을 살 수 있는 행운을 누린 셈이다.

　탑승 트랩 앞 복도에는 내릴 때 받아 든 비표를 들고 줄을 선 승객들에게 또 다른 놀라운 광경이 기다리고 있었다. 비행기 출입문 앞에 제복과 사복 차림의 보안 요원 네댓 명이 입구에 서서 보안 검사를 시작했다. 이 광경이 눈에 띄자 갑자기 마음이 불안해졌다. 이 공항에 착륙하고 나서부터 일어나는 일련의 낯선 상황들과 분위기에 약간 긴장을 하고 있던 차에 보안 요원들이 몰려 있는 광경을 보자 더욱 불안해진 것이다. 비표를 든 맨 앞줄의 승객 다섯 명을 여권과 대조 후 보안관 한 명이 인솔하고 기내로 들어갔다. 잠시 후 그 보안관이 돌아 나오자 다음 보안관이 승객 다섯 명을 데리고 기내로 들어갔다. 이런 과정을 반복하여 상당한 시간이 흘러서야 비로소 모든 승객의 탑승이 완료되었다. 드디어 보안 점검 절차가 완료되었나 싶었는데 그게 아니었다. 보안 요원 전원이 기내로 다시 들어와 후미의 좌석부터 승객 하나하나를 다시 한번 유심히 관찰하며 내가 앉은 좌석 옆을 지나갔다. 나도 모르게 오싹한 느낌이 엄습해 왔다. 죄 지은 것도 없는데…….마침내 보안 요원들이 비행기에서 나갔다. 휴.

일본에서 탑승할 때보다 시간이 훨씬 더 많이 걸린 셈이었다. 보안 요원이 떠나자 옆 좌석의 일본 승객이 마치 기다리고 있었다는 듯 내게 말을 걸어왔다. 그에 의하면 모스크바 당국은 자국민이 혹시라도 탈출할까 봐 이런 해괴망측한 짓을 한다고 했다. 드디어 비행기 문이 닫히고 트랩이 멀어지자 엔진 돌아가는 소리가 들렸다. 몇 분 후면 우리가 탑승한 이 비행기는 이륙을 하게 될 것이고 마침내 조지 오웰의 『1984』로부터 탈출을 할 것이다.

세상을 배우기에 여행만큼 좋은 게 없다고 한다.
비록 반나절밖에 안 되는 짧은 시간 동안의 폐쇄된 작은 공간에서의 여행이었지만 배우고 느낀 게 많았던 여행이었다. 혹독한 기후뿐만 아니라 사회 시스템을 포함한 모든 것이 얼어붙은 동토의 나라, 개인의 노력과 성과에 비례한 보상이 아예 없어 동기 부여가 작동하지 않는 정치 시스템이 어떤 현상을 초래하는지 웅변적으로 볼 수 있는 기회였다. 규모로 보아 국가와는 비교도 할 수 없이 적은 조직체인 회사에서도 직원 개개인의 성취욕을 자극하기 위한 동기 부여에 끝없는 노력을 기울인다. 그뿐이랴, 개인이 이룩한 성취 결과에 대해 적절한 보상이 이루어지도록 세심한 배려를 하고 아울러 직무에 태만한 직원에 대한 적절한 페널티도 작동하고 있다. 바로 이것이 변하지 않는 인간의 본성이기 때문이다. 단순하지만 이 두 가지 원칙에 실패한 조직이

크건 적건 살아남은 예를 볼 수가 없다. 하물며 국가를 운영하는 데 있어서야……

1997. 12.

목욕 문화

언제부터인가 목욕을 즐기는 습관이 생겼다. 그렇다고 하루도 거르지 않고 샤워를 하거나 목욕탕을 찾을 정도의 중독자는 아니고 집에서 하는 샤워 대신 주말이나 등산 후에는 예외 없이 공중목욕탕의 따뜻한 목욕물에 몸을 담그거나 사우나에서 땀을 빼는 즐거움을 버리지 못하고 있다.

하지만 어려서부터 목욕을 좋아했던 것은 아니다. 차라리 기피하는 편이었다고 할 수 있다. 어린 시절 전후의 곤궁困窮한 삶에 격식 차린 목욕이란 생각할 수도 없었을 뿐 아니라 읍내에 하나뿐인 공중 목욕탕에서의 호사는 추운 겨울 날씨로 집에서 물을 끓여 하는 '벼룩 목욕'마저 여의치 않을 때 한 번 정도 엄두를 낼 수 있었던 '행사'였다. 여름 한 철은 다리 밑 개천에서 피부가 새까맣게 탈 정도로 멱을 감는 것으로 목욕을 대치할 수 있었으나 늦은 가을부터 이듬해 봄까지는 그 놈의 벼룩 목욕을 견뎌 내야 했다. 이 기간 동안 어머님은 재래식 부엌의 큰 솥 가마에 팔팔 끓인 물을 큰 대야에 덜어 놓고 우리 삼 남매를 차례로 불러 목욕을 시켰는데 보온 시설이 전혀 안된 재래식 부엌은 물에 잠긴 부분을 제외한 상체는 그야말로 북극의 추위를 견뎌 내야 하는 고역이었다. 그래서 인지 청년이 된 후로도 즐거운 마음으로 목욕탕을 찾았던 기억은 별로 없다.

장년이 되면서 처음으로 사우나를 접하게 되었다.
회교 혁명의 회오리로 어수선한 이란의 수도 테헤란에 부임을 하였을 때다. 당시 이란은 이슬람 근본주의가 일상생활마저 휩쓸어 음악을 비롯하여 운동 등 거의 모든 취미 활동이 봉쇄되었다. 그나마 현지에 주재하고 있던 외국인들에게는 약간의 융통성을 보였는데 당시에 유일하게 주어진 여가 활동이라면 테니스와 호텔에 있는 사우나 사용 정도였다. 이런 이유로 자연스럽게 사우나를 시작하게 되었다. 테니스로 피로한 육체를 건식 사우나로 달군 후 냉탕의 찬물 속으로 들어 밀어 넣을 때의 짜릿한 쾌감이라니! 사우나 후 숙소로 돌아와 안락의자에 파묻히면 슬며시 찾아오는 황홀한 졸음이란! 세상의 어느 무엇과도 바꿀 수 없는 행복한 순간이다.
어느 날 사우나 실에서 달군 몸을 '벼룩 샤워' 후 냉탕으로 들어가려는 순간 고개를 숙이고 비누로 머리를 감고 돌아선 현지이란인이 나에게 "땀에 젖은 몸을 씻지도 않고 냉탕에 들어가지 말라."라고 나무랐다. 우리보다 열 살 정도는 더 들어 보이는 현지인이었다. 생면부지의 현지인으로부터 일격을 당한 나는 황당하기도 하고 창피스럽기도 했다. 분명이 사우나실에서 나와 샤워기로 몸을 씻었는데도 이런 지적을 당하다니. 더구나 외국인인 나에게 무례하게도 이런 무안을 주다니!

"당신 무슨 소리하는 것이오. 분명 샤워를 했는데."

이렇게 대꾸하는 나의 목소리가 고울 리 없었다. 항의 조의 나의 대꾸에 상대는 "거짓말 하지 마!" 하는 투의 눈빛으로 대답을 대신하고 탈의실로 나가 버렸다. 그날의 남은 시간은 내내 벌레 씹은 느낌의 불쾌함으로 가득한 날이었다. 그리고 다음 두 주 동안은 불쾌한 기분이 연상될까 봐 그곳에 가지 않았다.

"참새가 방앗간 앞을 그냥 지나가나?" 하는 말이 있다. 결국은 얼마 지나지도 않아 다시 그곳 사우나를 찾았다. 그러고는 현지인들은 어떻게 하나 유심히 관찰을 하였다. 사우나 실에서 땀이 줄줄 흐를 정도로 몸을 덮인 이란인이 문을 열고 나가자 나도 따라 나와서 이 친구를 관찰한 것이다. 털북숭이인 이 친구는 샤워기를 틀어 놓고 흐르는 물에 몸을 맡긴 채 한참 동안 서 있더니 팬티(이란은 목욕이나 사우나를 할 때에도 팬티를 입는다) 안까지 물이 흠뻑 들어가도록 한 후 땀을 충분히 씻어 냈다고 생각이 되자 냉탕으로 들어가서 머리까지 물속으로 푹 담갔다. 몇 사람을 더 관찰

했는데 그런 패턴에는 차이가 없었을 뿐 아니라 어떤 분은 비누칠로 땀을 충분히 씻어 낸 후 냉탕으로 들어가는 것이었다. 머리까지 냉탕에 깊숙이 담그는 이 사람들의 습관으로 보아 불가피한 일이겠지만 다른 사람을 배려하는 깊은 마음이 생활화된 모습이었다.

비로소 깨달았다. 몇 주 전 현지인에게 당했던 망신이 결코 우연하게 일어난 것이 아니란 것을. 2주 전 그날, 운동이 끝난 우리 일행 세 명이 사우나 안에서 몰려다니며 떠들어 대는 모습도 그분 눈에는 거슬렸을 뿐 아니라 냉탕 입수 전 땀을 씻어 내는 샤워도 형식적으로 하는 둥 마는 둥 하는 모습이 불결하게 보였을 것이었다.

우리나라 목욕 문화의 현실은 어떨까?
대중목욕탕에 가면 아래와 같은 의문이 바로 떠오른다.
비누로 범벅이 된 채 버려진 타월의 주인은 어디로 가고 없을까?
바닥에 축 늘어져 있는 샤워기가 마치 뱀의 모습을 하고 있는데 주인공이 그것 하나 들어 올려 걸어 놓지 않은 이유는 무엇일까?
플라스틱 앉은뱅이 의자에 떨어져 있는 검은 빈대 모양의 때는 누가 씻어 내야 할 것인가? 사우나에서 나와 줄줄 흐르는 땀이 바닥에 흘러내릴까 봐 황급히 냉탕으로 점프하는 친구의 양심은 어디에 저당 잡힌 것일까? 냉탕에서 물놀이로 떠들어 대는 어린이들의 아버지는 탕 안에 깊숙이 몸을 담그고 눈을 지그시 감아 세상의 소음과 담벼락을 쌓은 저 할아버지 일까?

위에서 열거한 양태는 우리나라 목욕 문화의 현실로 대중 목욕탕에서 거의 일상화되다시피 일어나고 있으며 인지 능력이 마비된 우리 사회에서는 더 이상 이야깃거리도 되지 못한다. 우리는 언제쯤 그 이란인처럼 외국인들에게도 서슴지 않고 목욕 에티켓을 지키도록 지적할 수 있는 사회적 성숙을 기대할 수 있을까?

2017. 11.

돌이킬 수 없는 실수

  사람이 살다 보면 크고 작은 실수를 저지를 수가 있다고 하는데 오늘은 사소한 실수로 망신살까지 뻗쳐 도무지 마음이 편하지 않다. 망신살이야 그런대로 본인이 소화하기 나름이라지만 평소에 비교적 남편의 실수에 관대하던 집사람까지 단단히 뿔이 났으니 아무래도 집 안의 냉랭한 분위기가 며칠은 가라앉지 않을 것 같다.
  얼마 전 회원이 열 명밖에 안 되는 백두회白頭會에서 N 군과 B 군이 회원 간의 두 번째 사돈 맺기를 알리는 청첩장을 보내왔다. 그 며칠 후에는 학교 동창 L 군이 딸의 혼사를 알리는 청첩장을 보내왔다. 모두 과년한 자식을 둔 부모들인지라 연말을 넘기지 않으려고 서둘러 날을 잡다 보니 연말 결혼이 폭주하게 된 셈이다. 12월에는 망년회라는 일정까지 끼어들어 이래저래 연말이

되면 일정 조정도 쉽지 않을 때가 많다. 그러다 보니 그렇지 않아도 녹슨 기억 능력이 비명을 질러대는데 이번에는 아예 사고를 치고 말았다. 바로 백두회 회원인 N 군과 B 군 댁의 혼사 시간을 동창 L군 댁 혼사 시간과 뒤바꾸어 수첩에 기록을 하고 말았던 것이다.

아내는 아침엔 미장원까지 다녀왔는지 달라진 머리 모양에 오후에는 몇 벌 안 되는 옷을 꺼내 놓고 어느 것을 입을까 고심을 거듭하는 모습이 안쓰럽기까지 했는데……. 예식이 열리는 신라호텔까지 평소 자동차로 30분 정도면 충분한 거리이지만 6시에 시작하는 예식에 늦지 않도록 한 시간 전에 출발하였다. 그런데 이게 웬일이야? 평일의 퇴근 시간도 아닌 주말인데도 서울 시내 자동차는 모두 길거리로 쏟아져 나왔는지 길이란 길은 모두 막혀 차가 움직이질 않으니……. 평소 한국사람들의 운전 에티켓에 불만을 감추지 않았던 내가 오늘은 천하의 무법 운전자가 되어 갓길 주행에 신호 위반은 약과요 경적까지 수없이 울려대고……. 결국은 신라호텔 입구에 예식 시작 3분 전에 도착하는 경이로운 운전 실력을 과시했다. 급한 김에 발레파킹을 맡기고 뛰어 들어가니 식장은 2층인데 축의금 접수대는 1층에 있어 우선 신랑 신부 양가의 접수대에 각각 접수를 하고(얼마나 쫓겼는지 신랑, 신부 이름 확인도 하지 않고), 2층으로 올라가니 식이 시작되었는지 식장 문이 닫혀 있다. 그런데 놀랍게도 닫힌 식장 문 앞에 우리 집 큰아이가 놀란 눈으로 나를 쳐다본다.

"아버지, 누구 결혼식에 오신 거예요?"

"신랑, 신부 모두 동창 자녀란다."

"신부가 우리 사법연수원 동기인데, 어떻게 아실까?"

"거 이상하다. 신부 성이 B씨 아니냐?"

"아니 '송'인데요."

"아이쿠 다른 사람의 결혼식에 잘못 왔구나, 그런데 접수까지 하고 왔으니 다시 찾아야겠구나."

"찾기 어려울 텐데요." 하며 옆에서 부자간의 이야기를 재미있는 표정으로 듣고 있던 자기 친구들을 인사까지 시킨다. 이런 망신이라니…….

가까스로 그 자리를 벗어나 접수대에 가서 사정을 이야기하니 한심스러운 표정으로 답이 돌아온다.

"죄송하지만 여기 접수통에 자물쇠가 잠겨 있어 돌려드릴 수가 없습니다."

"아, 호텔 결혼식 접수통도 자물쇠를 채우는가요?"

"그럼요."

원 세상에 한 번도 만나 본 적 없는 신랑 신부 양가에 거금을 희사한 씁쓸함이여!

"아, 그래요? 그렇다면 할 수 없지요. 그런데 신랑 신부에게 모르는 적선가가 찾아와 결혼을 축하하고 갔다고 말이나 전해 주시오." 하고 뺑소니치듯이 돌아 나와 B에게 전화를 걸었다.

이게 어떻게 된 거야.

결혼식이 오후 6시가 아니고 정오 12시였단다. 회원 중에서 나만 빠져서 섭섭했단다.

아뿔싸! N 군 B 군뿐 아니라 동창 L군의 결혼식도 놓쳤으니.

아까부터 아내가 말 한마디 없다.

이제부터가 문제로다.

이런 낭패가 어디 있나!

2011. 12.

김형석 교수 강의 단상

오랜만에 김형석 교수의 글을 읽게 되었다.

친구가 시간을 만들어서라도 읽어 보라는 멘트와 함께 '행복으로 가는 길'이라는 제목의 김형석 교수의 인문학 강의 내용을 요약한 메일을 보내왔다.

김 교수의 강연을 처음 들은 것은 1963년 한여름이다. 벌써 반세기도 더 지난 옛날이다. 대학 3학년 여름 방학에 당시 수색에 있던 예비군 사단 훈련소에 입소하여 학훈단ROTC 훈련을 받을 때다. 입소 후 3주쯤 지났을 때였다.

난생처음 겪는 군 훈련소의 고된 훈련으로 체력이나 정신력이 거의 고갈 상태가 된 한여름, 뙤약볕으로 달구어진 연병장에서 김 교수의 특강을 듣게 된 것이다. 훈련에 지쳐서 아무 곳에나 앉으면 잠에 빠질 수 밖에 없었던 훈련병들이 한여름 뜨거운 햇살과 연병장이 내뿜는 지열에 가면假眠 상태에 빠졌을 때 당시에는 중년이었던 김교수가 연병장 연단에 올라와 강의를 시작했다.

지금은 아쉽게도 강의 내용을 자세히 기억하지 못하지만 지금까지 기억에 남아 있는 부분은 "여러분은 젊은이다. 젊은 이에게는 젊은이로서의 특권이 있다. 바로 정의로워야 할 특권과 의무가 있다는 것이다. 다른 하나는 젊으니까 용기를 가져야 한다는 것이다. 용기를 잃은 젊은이는 더 이상 젊은 이가 아니다."라는 내용이었다.

강의가 어느 정도 진행되면서 훈련병들이 하나둘씩 가면 상태에서 깨어나 강의가 막바지에 이르렀을 즈음에는 그 많은 훈련병 중 졸고 있는 사람 하나 없이 경청을 하고 있었다. 나 역시 난생처음 듣는 인생 강의에 흠뻑 빠져들었다.

김 교수가 강연을 마치고 우레와 같은 박수를 받고 연단에서 내려온 후에도 김 교수의 강연으로부터 받은 감동으로 한동안 가슴이 먹먹한 느낌이 계속되었다. 감수성이 예민한 20세의 청년 시절 느꼈던 감동이 지난 반세기 동안 나의 삶에 얼마나 영향을 미쳤는지 알 수 없지만 지금까지 강연의 요지를 기억하고 있는 것만 보아도 분명 소금 역할을 하였으리라 믿는다.

친구가 보내 준 김 교수의 강의 요약본을 마주한 나에게 이제 반세기가 지나 노교수의 노년을 살아가는 삶의 지혜를 배울 수 있는 기회가 찾아온 것이다.

70을 넘게 살며 산전수전 다 겪은 지금은 20대 때 느꼈던 폭풍 같았던 감동이야 찾아보기 어렵겠지만 100년을 살아오시면서 닦은 노교수의 삶의 지혜에 흠뻑 빠져 보고 싶다.

2018. 5.

견인차

고속도로를 달리다 보면 견인차들이 갓길에 주차하고 있는 광경이 자주 눈에 띈다. 평소에 별다른 생각 없이 지나쳤던 광경이었는데 언제부터인가 나에게는 견인차들의 이런 모습이 마치 먹잇감을 덮치기 위해 풀숲에 웅크리고 엎드려 있는 사마귀를 연상시키게 되었다.

애초부터 견인차에 대하여 이런 살벌한 연상聯想을 가지고 있었던 것은 단연코 아니었다. 사고 차량을 견인하여 꽉 막혔던 길을 뚫어 줄 때 짜증스럽고 답답했던 가슴이 뻥 뚫리는 경험을 했던 사람이라면 견인차의 고마움을 모를 리 없지 않은가? 사고나 고장이 난 차량의 운전자로서 견인차의 도착을 초조하게 기다린 경험을 가졌던 운전자치고 견인차에 대해 나와 같은 불손한 연상은 결코 하지 않으리라.

  그런데 내가 이런 살벌한 연상을 하게 된 계기는 추석성묘 길의 고속도로에서 5중 추돌 사고에 휩싸이면서부터다.

  산소를 멀리 떨어진 곳에 모신 사람들은 추석이 가까워오면 성묘 때문에 상당한 고민을 하기 마련이다. 나 역시 몇 해 전 서울에서 가까운 공원 묘지로 산소를 이장하기 전까지는 중추절이 가까워 오면 며칠 전부터 성묘길을 언제 떠나야 교통 체증을 피할 수 있을까 하는 계산으로 머리가 복잡했다. 한반도의 최남단에 가까운 전남 고흥반도에 산소가 있었기 때문이었다. 추돌 사고가 있기 바로 전 해는 아내가 성묘길에 동행을 했는데 길이 막혀 왕복 20시간을 차에서 갇혀 지내다시피 했다.
  그러다 보니 다음 해 추석이 가까워 오자 그 전해에 겪었던 고생이 생각나서 추석 전날까지 결심을 못하고 우물쭈물하다가 교통 체증이 덜할 추석 연휴가 끝난 후 날짜를 잡아서 다녀오기로 마음을 정했다.

  성묘 출발일을 늦춰 잡은 나는 추석 당일 아침 일찍 차례를 지내고 느긋한 마음으로 텔레비전을 틀었더니 의외로 고속도로의 교통 소통이 평소보다도 원활한 것이었다. 아마도 많은 귀성객들이 전해의 고통스러웠던 기억으로 미리 귀향을 했거나 성묘객들이 나와 같은 생각으로 며칠 후 떠날 생각을 하고 출발을 미루고 있는지 모른다. 텔레비전에서 쌩쌩 달리는 차량들을 보자 갑자기 생각이 달라졌다. 잘하면 성묘 후 밤늦게라도 오늘 중에 집에 돌아올 수가 있을 것 같아 아내의 만류에도 불구하고 혼자서 차를 몰고 성묘길에 올랐다.

수원을 지날 때까지 약간 밀리던 도로가 기흥을 지나고부터 평소보다 한산하여 제 속도를 낼 수 있었다. 단지 도로 보수공사가 진행중인 곳이 많아 수시로 브레이크를 밟아 속도를 낮춰야 했다.

연이어 계속되는 보수 공사 지역을 벗어나자 답답증이 풀렸는지 앞차를 포함하여 대부분의 차들이 약속이나 한 듯 속도를 높여 달리기 시작했다. 그런데 그것이 방심이었다. 50미터쯤 앞서서 기세 좋게 달리던 앞차가 갑자기 브레이크를 밟아 속도를 줄이는 듯하더니 그 앞차를 들이받고 멈춰서는 광경이 눈에 들어왔다. 놀란 나도 브레이크를 힘껏 밟았으나 결국은 추돌을 한 후 멈춰 섰다. 바로 그 찰나 내 차를 바짝 따라오던 뒤차가 내 차의 뒤 범퍼에 부딪치는 충격과 그리고 그 다음 뒤 차가 다시 내 뒤차에 부딪치면서 그 충격이 내 차까지 전해졌다. 소위 5중 추돌 사고의 한가운데 끼인 사고가 발생한 것이었다. 충돌의 순간이 지나자 우선 목을 움직여 이상이 없음이 확인되자 몸을 다치지는 않았구나 하는 다행함과 성묘 대신에 견인차 타고 정비소 가게 되었구나 하는 생각에 쓴웃음이 나왔다.

다행이 차문이 열려서 나와 보니 내 앞차는 트렁크 부분이 파

손되어 찌그러진 모습이 흉하게 되었고 내 뒤차는 라디에이터 부분에서 냉각수가 줄줄 흐르고 있었다. 한가운데 낀 내 차는 앞뒤 범퍼가 약간 뒤틀림이 있는 정도여서 운행을 계속해도 괜찮을 것 같아 보였다.

그런데 사고가 난 지 몇 분 지나지도 않았는데 도로 갓길로 견인차들이 요란한 경적을 울리며 몰려들기 시작했다. 하나, 둘, 셋, 넷. 모두 네 대가 사고 후 그 짧은 시간에 현장에 도착한 것이다. 놀랄 일이었다. 하늘에서 실시간으로 사고 현장을 관찰하지 않는 한 어떻게 이렇게 짧은 시간 안에 도착할 수 있단 말인가? 곧이어 구급차가 부상자를 태워 떠났다. 그리고 맨 앞차와 마지막 차부터 견인이 시작되었다. 그리고 내 뒤차의 견인이 시작되었다. 사고 차에 견인용 붐을 연결하고 사고 차량의 뒷부분을 들어 올리자 찌그러진 차 앞부분에서 액체가 흘러 내려 그 모습이 흉물스럽게 보였다. 견인 준비가 끝난 후 견인차와 견인 붐 그리고 거기에 매달린 사고 차의 모습이 내 시야 속에 한 프레임으로 들어오자 그 모습이 어디서 본 듯한 낯익은 모습이었다. 어디서 보았을까? 그렇다! 아 이제 알았다. 언제인가 텔레비전에서 〈곤충 세계〉라는 다큐멘터리에서 사마귀를 본 적이 있었는데 바로 내 눈앞에 사고 차를 매달고 있는 견인차 모습이 마치 먹이를 낚아챈 사마귀 모습 같이 보인 것이다.

그런데 어떻게 곤충 세계의 사마귀로 비약적인 연상을 하게 되었을까?

 아마도 그것은 아프리카 출장 중에 보았던 한 장면과 연관이 있지 않았을까 하는 생각이 든다. 주말이 되어 지사 직원들과 함께 근처 골프장에 갔을 때의 일이다. 몇 번 홀인가 코스 중간에 크지 않은 해저드용 연못이 있는 곳이 있었다. 티 그라운드에서 물에 빠지기 딱 알맞은 거리에 위치한 이 연못 주위로 낮은 키의 잡풀이 듬성듬성 자라고 있었다. 동행한 지사 직원들은 익숙한 솜씨로 연못을 넘겼으나 마지막 타자인 내 차례가 되어 티 그라운드에 올라 보니 연못이 왜 그렇게 크게 보이는지! 혹시나 하는 기대와는 달리 역시나 볼은 연못 한 가운데로 날아갔다. 그 순간 연못가의 잡풀들이 흔들리더니 잡풀들 뒤에 엎드려 숨어 있던 몇 개의 검은 물체가 스르르 연못으로 미끄러져 들어가는 것이었다. 마치 먹이를 보고 강물로 미끄러지듯 잠수하는 악어와 같은 모습이었다. 놀란 나에게 지사장이 '악어 인간'이라고 설명을 했다. 인근에 사는 부락 청소년들이 연못에 빠진 골프공을 찾아 팔기 위해 필사적으로 흙탕물 속으로 뛰어드는 모습이 마치 악어 같은 모습이어서 붙인 이름이라고 했다. 가까이 가서 보니 연못은 흙탕물이어서 골프공이 보일 리가 없었다. 그래서인지 악어 인간들은 보리밭 밟듯 발로 공을 찾고 있었다. 발에 밟히면 그때 물속으로 잠수한다고 했다. 초등학생 정도 나이의 어린아이도 있었다. 참으로 충격적이었다. 현실의 삶이 이렇게도 치열하고 애처롭기도 한 것이구나 하는 인식을 되새기는 계기이기도 했다. 출장을 마치고 귀국하면서 그 장면은 스냅 정도로 머리 한 구석에 저장되고 그리고 잊어버리고 있었다.

그런데 하필이면 교통사고 현장에서 갓길로 돌진하여 들어 닥치는 견인차들의 모습에서 오랫동안 잊고 있었던 악어인간의 모습이 떠올라 오버랩이 되면서 먹잇감을 움켜쥔 사마귀를 연상하게 된 것이 아닐까?
나의 비약이 너무 심한 것일까?

세상의 모든 삶이 치열한 생존 경쟁인데 열심히 살아가시는 견인차 기사 여러분들의 마음에 혹시나 상처를 드리는 것은 아닌지 걱정스럽다.

2017. 8.

노무현과 그의 시대를 보내며

오랫동안 기다려 왔던 동유럽 여행을 가기 위해 공항으로 가는 길 위에서 노무현 전 대통령의 비보를 들었다.

노무현 전 대통령의 극단적 선택은 놀라움보다 '관용과 화합이 실종된' 우리나라 정치 풍토에서 막연히 우려했던 일이 현실로 나타난 데 대한 놀라움과 안타까움이 더욱 가슴을 아프게 하였다.

즐거워야 할 여행 기간 내내 불현듯이 나타나는 아쉬움은 우리가 몸을 담고 있는 공동체의 경박한 역사 인식과 부족한 관용성tolerance이 이곳 동구의 역사의 유물로부터 배우는 이 곳 사람들의 '톨레랑스'와는 너무 거리가 있음을 느껴서일까?

체코 대통령 궁의 정문 입구에는 합스부르크가가 체코를 정복할 때 세운 동상이 위풍당당하게 서 있는데 이 동상은 정복자가 피정복자인 체코인을 발로 밟고 긴 칼로 찌르려는 모습을 하고 있다. 국가 원수의 공식 거주 공관에 이러한 동상이 버젓이 남아 있는 모습은 우리의 역사 의식과 관용으로는 도저히 상상도 할 수 없는 일이었다.

"동상을 부숴 버린다고 과거의 역사가 바뀌는 것도 아닌데……."라는 가이드의 설명은 지정학적 위치 때문에 우리보다 훨씬 많은 역사적 시련을 받은 이곳 사람들의 지혜에서 출발한 것인지도 모른다.

에이미 추아Amy Chua의 『제국의 미래Day of Empire』에서는 인류의 역사를 통해 초강대국들은 예외 없이 당시의 기준으로 상당한 관용이 공동체의 중요한 덕목으로 자리를 굳건히 하고 있었음을 지적하고 있다. 또한 이러한 관용이 사라진 공동체는 예외 없이 초강대국의 대열에서 탈락하였음을 일깨우고 있다.

새로운 권력자가 전 권력자를 모멸함으로써 권력의 누수를 막을 수 있다고 생각하는 편협과 앞장서서 권력자의 입맛에 맞도록 날뛰는 하이에나 근성의 권력 기관들이 최소한의 철학과 합리적 이성을 가진 사람들로 채워지기 전까지는 우리는 불행한 역사를 반복할 수 밖에 없지 않을까?

그나마 가장 핍박을 받았던 DJ가 집권 후 정치적 보복을 하지 않은 좋은 선례를 만들었음에도 이런 선례를 살려 나가지 못한 현 정치가들은 어떤 철학을 가지고 있는지? 역사는 반복된다는 사실을 잊고 있지 않은지?

노무현 씨는 투박하고 세련되지 않은 말투로 몹시도 착하고 선량한 나의 동료(고 남상국 사장)가 세상을 버리는 어리석음을 저지르기도 하고, 강남에 사는 사람들의 가슴에 적대적 감정을 키워 그가 하는 일이라면 어느 것도 탐탁지 않도록 외면 할 수 밖에 없도록 편견을 심어 준 미숙함이 없지 않았음을 나는 아쉬워 한다.

그러나 이제 우리에게는 공동체의 관용이 어느 때보다 필요한 시기이며 노무현 5년간의 짧은 기간이 역사에 어떠한 의미를 남기는지는 중용의 지혜를 가지고 지켜볼 시점이기도 하지 않나 생각한다.

2009. 6.

건배사

또 한 해를 떠나 보냅니다.

내가 바라건 바라지 않건 상관 없이 나이 한 살을 더 떠안게 되었습니다.

새삼스럽지도 않은 말이지만 나이 들면 주책이 없어진다고 합니다.

저도 작년보다 주책이 더 없어졌을 것입니다.

오늘 주책없는 얘기 하나 하고자 합니다.

불가佛家에서 말하는 인연론에 의하면 길에서 한 번 스치는 인연이 겁劫의 인연이라고 합니다. 겁이 무엇일까요? 가로세로 8킬로의 성안에 겨자씨를 가득 채워 놓고 100년에 한 알씩 꺼내 먹기 시작해서, 성에 채워 놓은 겨자씨가 모두 없어질 때까지 소요되는 기간을 1겁이라고 한답니다. 자연과학적인 방법으로 표기를 하라고 한다면 글쎄 표기가 될 수 있을는지 자신이 없습니다.

결혼식 주례사에서 자주 인용되는 '부부의 인연'은 불가에서는 억겁億劫의 인연이라고 합니다. 오늘 이 모임에서 옆자리에 앉으신 분과의 인연은 몇 겁일까요? 하루를 동행하는 인연이 2천 겁이라고 하는데 한 일터에서 수십 년간 동고동락한 우리의 인연은 부부의 인연만큼인 억겁은 못 돼도 수만 겁은 되리라 믿습니다. 이렇게 대단한 인연으로 묶인 우리들이 오랜만에 만나는 이 자리가 수만 겁의 의미를 갖는 모임이 되기를 바랍니다.

한 번 더 주책을 떨자면, "인간은 사회적 동물이다."라는 말이 있습니다.

사람마다 편하게 해석을 하기 마련입니다.

저는 그저 글자 그대로 단순하게 해석합니다.

'남과 더불어 함께하는 삶(즉 사회적 생활)'이 아닌 '혼자만의 삶'이 존재할 수 있을까요?

너무도 연약한 인간은 공동체 속에서 비로소 정신적인 평온과 발전도 기대할 수 있다고 생각합니다. 저도 인간이 만든 수 많은 공동체 중에서 손가락으로 꼽을 정도로 적은 몇 개의 공동체에 몸을 싣고 아무도 알지 못하는 전인미답前人未踏의 '알지 못하는 세계'로 흘러가고 있습니다. 분위기가 약간 감성적이 되었나요?

이러다간 '인생무상'이란 얘기로 번질까 보아 주책없는 말은 여기서 끝내는 것이 옳을 것 같군요.

참, 제가 건배사를 하기로 되어 있지요!

대플회 여러분!
30년간 동고동락했던 우리가 앞으로도 오랫동안 함께할 수 있는 공간인 대플회가 결성이 되어 해마다 발전해 나가는 모습에 감사하고 있습니다.

우리의 소중한 인연의 결정체인 대플회가 더욱 활성화 되기를 기원하는 바램으로 건배를 제의하겠습니다.
'대플회 회원 여러분. 밝아 오는 새해에도 자주 모여 우리의 소중한 인연을 더욱 공고히 합시다.'
그리고 건강합시다!

2017. 12. 20.
대플회 망년회에서

해맞이

　게으른데다 추위를 타는 체질이어서인지 해맞이를 가기 위해 꼭두새벽에 이불을 차고 일어나, 추위와 어둠을 뚫고 산에 오를 생각일랑 해 보지 않았었다. 그러니 제야의 종소리나 정초의 해맞이 행사에 참관하는 사람들의 열정을 극성스러운 성격 정도로 이해하고 있었던 셈이다. 그런데 초로의 나이가 다 된 이제 와서 새삼스럽게 해맞이를 간 것이다.

　지난해 연말을 며칠 앞두고 산악회 간부로부터 새해 해맞이를 가자는 문자가 날아들었다. 매주 산행을 같이 하는 회원들이지만 새해 첫날 해맞이가 끝난 후 떡국을 나누어 먹는 추억을 만들자는 은근한 유혹이었다. 처음에는 시큰둥하였으나 '새해 첫날 산악회 친구들과 떡국을 나누어 먹는다'는 데 생각이 미치자 마음이 달라졌다. 그믐날 저녁, "내일 아침 해맞이 가기 위해 일찍 일어나야겠다."라는 말에 아내가 미심쩍은 표정을 지었다.

새해 첫날 새벽 이른 시간임에도 지하철 몽촌토성역 출구를 빠져나오는 대부분의 사람들이 올림픽공원 입구 방향으로 걸음을 재촉하는 것으로 보아 해맞이하러 가는 사람들로 보였다. 아니나 다를까 멀리서 보아도 몽촌토성은 인산인해로 발 디딜 틈이 없어 보였다. 입구로부터 토성의 위쪽까지는 사람들에 의해 떠밀려 올라가는데, 몸을 움직일 수 없을 정도로 밀착된 군중 속에 끼어 본 경험이 없었던 나에게는 이러다 사고가 날 수도 있겠다 싶은 걱정이 앞설 정도였다.

비탈진 곳이나 계단이 시작되는 곳에는 젊은 학생 자원봉사 대원들이 교통 정리를 하고 있었으나 전문성이 떨어지는 학생들로는 역부족으로 보였다. 밀려 올라가면서도 나는 문득 눈앞에 보이는 모든 사람들이 추위를 타지 않는 특이 체질이거나 몹시도 부지런한 별종일 것이라는 실없는 생각이 들었다. 부녀 자원봉사 대원들이 따뜻한 음료와 커피를 제공하는 천막 앞에는 사람들이 길게 늘어서 있어 나 역시 따뜻한 생강차 생각이 간절했지만 감히 끼어들 엄두를 낼 수가 없었다. 밀려가는 처지에 대열에서 이탈하는 것이 될 성싶지 않아서다.

토성에 올라와 주위를 둘러보니 가족끼리 온 사람들이 가장 많고 것으로 보였는데 어린 학생들부터 젊은 부부와 초로의 할아버지 할머니까지, 그리고 머리에 스카프를 쓰고 신기한 듯 사진을 찍어대는 이슬람교인으로 보이는 외국 여인들의 모습도 보였다.

  그중에서도 압권은 살이 통통히 오른 중년 여인이 가슴 쪽으로 돌려 멘 배낭 밖으로 불쑥 내민 애완견의 머리를 해돋이 방향으로 돌려 해돋이를 보여 주려고 애를 쓰는 모습이었다. 표정과 분위기는 온통 경이롭고 축복받은 광경이었다.

  인간은 동물과 마찬가지로 모방하려는 자연스러운 경향을 갖고 있다고 한다. 더구나 군중 속에 낀 연약한 개인이야말로 모방과 전염으로부터 자유로울 수 없나 보다. 70여 년 살아오면서 썩 내켜 하지 않았던 해맞이에 우연찮게 참가하게 된 내가 밝고 건강한 군중의 분위기에 급속히 전염되어 가는 즐거움을 느끼게 될 줄이야! 전염은 느끼는 방식까지도 강요할 정도로 강력하였다. 숫기가 없는 내가 생면부지의 옆 사람에게 "해맞이 나오시길 참 잘하셨지요!" 하고 뜬금없는 인사말까지 던지다니!

  내년 새해 해맞이에는 틀림없이 선착순으로 달려갈 것이다.

2018. 1.

한국형 행사에 대한 단상

우연히 구청에서 주관하는 야외 행사를 참관할 기회가 있었다. 행사 시작까지는 아직도 시간이 많이 남아 있어서인지 대형 스크린이 설치된 야외 행사장에서는 잔치 분위기를 띄우기 위한 퍼포먼스가 시작되었고 축포도 쏘아댔다. 만만치 않게 많은 인파 속에서 나를 불러낸 친구들을 찾는 것이 가능이나 할 일인가 걱정하면서 주위를 두리번거리는 사이 배경음악이 조용해지더니, "이곳을 찾아 주신 VIP 여러분들을 소개하고 그분들의 인사 말씀을 들으시겠습니다." 하는 사회자의 마이크 소리가 들렸다.

"그러면 그렇지! 정치하는 친구들이 이런 기회를 놓칠 리 없지." 하는 푸념이 나도 모르게 입에서 튀어나왔다.

먼저 구청장이 소개되고(뭐 구청장이야 이 행사의 주인이니 당연한 일이지만) 국회의원이 세 분이나, 그리고 구 의회로 넘어가더니 의장서부터 ○○분과 위원장 하며 계속되는데 도대체 몇 사람이나 더 소개를 해야 끝이 나려는지……. 그런데 그게 끝이 아니었다. 한 분씩 덕담을 하시겠다는 것이다. 시계를 보니 본행사 시작 시간까지는 아직도 족히 20분도 더 남아 있어 도리 없이 정치인들의 장광설을 참고 들어야 할 형편이 되었다. 원 젠장! 이 많은 사람들이 얼굴 팔러 나온 정치인들의 무의미한 격려사를 듣고 있어야 하다니!

대형 스크린에 한 분씩 나와 덕담을 시작하였다. 대부분의 관중은 별로 관심을 기울이지 않아 보이는데, 군데군데 모인 박수 부대의 어색한 박수 소리만 간헐적으로 들려왔다.

우리나라에서 열리는 대부분의 행사는 으레 참석한 유력 인사들의 소개가 빠지지 않는데 여기에는 예외 없이 정치인들이 약방의 감초처럼 끼게 마련이다. 그뿐이랴, 그들은 왜 그렇게도 격려에 관심이 많은지 격려사 한마디 정도는 꼭 해야 직성이 풀리는 특이 체질을 타고 난 것으로 보이는데 일단 용무를 마치면 본행사가 시작되기도 전에 줄행랑을 치고 만다. 이분들의 횡설수설로 행사 본래의 취지가 희석되거나 손상을 입는데도 이런 관행이 개선이 안 되는 이유는 무엇일까? 그리고 언제부터 이런 관행이 굳어져 내려온 걸까?

추측하건대 일제 시대부터 내려와 지방 자치제 실시 후 더욱 보강補强된 것이 아닐까? 유난스럽게도 나는 이런 불필요한 관행을 거북스럽게 생각하는 편이며 특히 정치인들이 등장하는 경우 거의 알러지 반응을 일으키곤 한다. 외국의 경우를 보면 이런 유치한 장면으로 행사의 본질이 흐려지도록 방치하는 행사를 본 적이 없다.

대형 스크린에 정치인 대신 청소 미화원을 영상 출연시켰으면 어떠했을까? 출연한 미화원이 "지난 한 해 동안 구민들의 협조로 거리도 깨끗해지고 더 밝아질 수 있어서 고맙다는 말씀을 드리고 싶었다는 것과 새해에도 구민들과 함께 더욱 열심히 미화 작업을 하겠다."라는 다짐을 한다면 정치인들의 격려사에 무관심했던 관중의 가슴에도 잔잔한 파문을 일으키지 않을까? 독거 노인이나 결손 가정을 위해 헌신하는 자원봉사자들의 땀 흘리는 모습을 담은 짧은 다큐멘터리라면 구민들의 가슴을 더욱 뜨겁게 만들어 주지 않을까?

생각지도 않던 행사를 참관하더니 내가 꿈같은 얘기를 하고 있나 보다. 설혹 행사 담당자가 나와 같은 생각을 가졌다고 하자. 그러나 그것이 현실적으로 가능할 리가 없지 않은가! 행사장에 나와 자리 배치로 행사 주최측과 시비를 하는 정치인들이 한 둘이 아닌 마당에 감히 정치인들의 심사를 건드리고 그분들의 금쪽 같은 기회를 박탈하는 게 공무원들에게 가능할 것인가? 두

고두고 쏟아지는 앙갚음을 견뎌 낼 공무원이 있을 리가 없지 않은가? 결국은 민도民度가 올라가야 해결이 될 일을 혼자서 앙앙불락怏怏不樂한들 본인 건강만 해칠 것이니 이런 사소한 일에는 이제부터 대범하기로 하자.

2018. 1.

운동장 개방과 학교 수위

집에서 걸어서 5분 정도의 거리에 중학교가 있다. 약간 언덕진 곳에 위치한 이 학교에는 땅값 비싼 서울의 강남 한복판에 자리하고 있음에도 비교적 넓은 운동장이 있다. 학교 운동장으로서는 당당한 크기의 축구장과 그 둘레를 돌고 있는 육상 트랙 그리고 농구장, 평행봉과 철봉대 등의 운동 기구가 넓이 뛰기 트랙에 나란히 서 있어 결코 옹색하지 않은 모습이다.

운동장은 번잡하기 이를 데 없는 강남의 자동차 도로와 적당한 거리를 유지하고 있어서 자동차 소음이나 매연의 영향이 미치지 않을 뿐 아니라 지대마저 높은 곳에 자리한지라 여름 한 철 저기압이 기승을 부리는 몇 주간을 제외하면 공기도 비교적 상쾌하여 소위 운동장으로서는 손색이 없는 곳이다.

내가 이 운동장을 거의 매일 찾기 시작한 것은 개교로 학교 운동장이 문을 연 지 20년도 더 지난 2004년부터다.

직장을 은퇴한 후 의사의 권유로 하루 만 보 걷기를 시작하면서부터다. 우리 아이들 셋이 이 학교를 다니는 동안에 한 번도 찾지 못 했던 이 곳을 지난 10여 년 동안 매주 거의 사흘 이상을 빠짐없이 찾게 되었다.

내가 처음 찾았을 때는 이 운동장도 어린 시절 시골 학교 운동장이나 마찬가지로 벌거벗은 맨땅에 축구 골대와 철봉만 덩그러니 서 있어 약간 을씨년스럽기까지 하였다. 특히 비가 온 후에는 배수 처리가 안돼서 곳곳에 물이 고여 걷기를 포기하고 집 주위를 걷는 것으로 대체하기도 하였다. 그런데 몇 년 전 운동장을 인공 운동장(우레탄 트랙)으로 바꾸고 4층 건물인 학교 옥상에 세 대의 고성능 조명 기구를 설치하여 어둑해지면 어김없이 운동장을 밝혀 주면서 옛날의 을씨년스러운 모습은 없어지고 운동하러 나온 사람과 저녁에 산책 나온 동네 주민들로 북적거리는 장소가 되었다.

학교 수업 시간 동안은 적막하기까지 한 이 운동장은 학생들이 하교하고 주위가 어두워지기 시작하면 비로소 적막함은 사라지고 점점 활기를 띠기 시작하며 '건강하고 소박한 삶의 장소'

로 활기가 충만해진다. 하교길에 몇몇씩 어울려 공차기를 하는 이 학교의 학생들을 위시하여 봉고차에 가득 실려 온 축구 학원 어린이 원생들로 채워지고 운동장 다른 한편의 계단식 응원석에는 이들을 따라온 젊은 엄마들이 옹기종기 모여 자기들끼리 이야기하는 데 정신이 없어 아이들 경기는 거들떠 볼 겨를이 없어 보인다.

공을 들고 혼자 운동장을 찾은 싱글족은 빈자리 나기를 초조하게 기다리며 주위를 서성거린다. 일요일에는 조기 축구 팀들이 들이닥쳐 동네 성인 팀과 청년 팀 간의 시합으로 운동장이 오전 내내 시끌벅적하다. 농구장도 축구장 못지않게 북적거리기는 마찬가지다.

농구장은 편을 나누어 시합을 하기보다는 시험공부에 지친 고학년 학생들이 농구공을 들고 나와 잠깐 동안 슛 연습을 하며 몸을 풀고는 바쁜 걸음으로 집으로 돌아간다.

축구장 둘레로 놓인 육상 트랙은 주로 저녁식사를 마치고 조깅이나 속보速步를 하러 나온 주민들로 채워진다. 부부가 함께 나오신 분들, 한 손에 묵주 같은 것을 들고 운동장을 한 바퀴 돌 때마다 묵주 알을 하나씩 돌리는 재미를 즐기시는 분. 몇 명씩 짝을 이루어 걸으면서 하루 종일 집 안에서 쌓였던 스트레스를 쏟아 버리는 현명한 여자분들, 이어폰이나 헤드폰을 쓰고 뒤로 묶은 머리 꽁지를 좌우로 흔들며 내 앞을 추월해 달리는 젊은 여

성들, 트랙 끝자락 빈터에서는 장난감 자동차를 타고 재롱을 부리는 어린 자식을 흐뭇한 눈길로 바라보는 젊은 부부의 모습도 심심치 않게 볼 수 있다.

이 학교에는 흰 머리에 약간 허리가 굽은 자세 때문에 어둠 속에서도 쉽게 알아볼 수 있는 나이가 많은 수위가 한 분 있었다.
폐문 시간인 오후 8시가 되면 이 수위는 열쇠 꾸러미를 들고 운동장 쪽으로 내려와 운동장을 가로질러 학교 정문 옆에 있는 실내 체육관으로 천천히 걸어가서 체육관 내부의 조명등을 끄고 큼직한 열쇠로 체육관 입구 문을 잠근다. 그리고 체육관 바로 옆에 있는 학교 정문의 철문을 밀어 닫고 큼직한 자물통을 채운 다음 철문 한 구석의 쪽문만 열어둔 채 다시 수위실로 돌아간다.
이 노수위가 가끔 운동장으로 내려와 트랙에서 자전거를 타는 사람이나 강아지를 끌고 들어온 사람을 돌려 보내는 것을 본 적은 있으나 지정된 폐문 시간을 넘겨 운동을 계속하고 있는 주민들이 있어도 그들에게 시비를 거는 일이 없었다.

그런데 얼마 전부터 흰 머리의 노수위가 보이지 않고 대신 검은 머리 장년의 수위가 나타났다. 노수위가 그만두고 새로운 수위가 일을 시작한 모양이다. 젊은 수위가 나타나면서 몇 가지가 달라지기 시작했다. 우선 학교 옥상에서 운동장을 비추어 주던 조명등을 켜 주지 않아 일몰 이후에는 어두워서 운동을 계속할 수 없게 된 것이다. 거기다 이 검은 머리의 수위는 완전히 어두워지기 전에도 수시로 교단 높은 곳에 나타나 어두컴컴한 곳에서 운동을 계속하고 있는 학생들에게 나가라고 소리를 질러댄다.

마침내 호루라기까지 등장하여 따뜻했던 분위기가 점점 살벌해진다.

이러한 변화를 어떻게 받아들여야 할까?

가을이 깊어 오면서 낮이 짧아지자 저녁 식사를 마치고 운동장에 나가면 벌써 어둑해져서 운동다운 운동을 할 수가 없어졌다.

이런 상황이 계속되자 은근히 불편한 마음과 오해일지도 모르는 의심이 들었다.

30년도 넘게 시행되어 온 학교 운동장 개방 정책이 서서히 뿌리를 내려 이제는 국민 체육 진흥과 지역 주민들에게 건전한 운동 환경을 제공하는 역할을 톡톡히 하고 있는데 관련 법이나 규칙이 폐기됐을 리가 없지 않은가!

그렇다면 새로 온 수위가 저녁 늦게까지 운동장에 신경을 쓰고 싶지 않아 독불장군식 행동을 하는 것은 아닌지?

요새 세상이 어떤 세상인데 수위가 독단으로 그렇게 무모하게 할 리는 없지 않은가!

법령상 학교 운동장 개방과 관련하여 관리자는 학교장으로 되어 있다. 혹시 학교장이 새로이 부임하여 전임 학교장의 느슨한 운용이 마음에 들지 않아 이러한 조치를 취하고 있는지(사실 난 학교장이 바뀌었는지 여부도 알지 못한다)?

오해가 오해를 불러일으킨다는 말이 있다.

조명등까지 켜 주며 주민들의 체력 증진에 도움을 주던 학교 측의 변심은 혹시라도 정부의 탈원전 정책의 정당성 확보를 위한 전력 예비율 확보 측면에서 전국적으로 취한 정부 당국의 조치의 일환인지(물론 말도 안 되는 오해이겠지만)?

수위 개인의 독단적인 일탈이라면 관리자인 교장이나 해당 교육청에서 교육을 시켜 알아듣게 하면 된다.

만일 관리자인 교장의 지시라면 교육자로서의 자질을 들여다 볼 필요가 있다.

그런데 얼마 지나지 않아 결국 우려했던 일이 벌어졌다.

며칠 전 저녁 식사를 마치고 천천히 운동장을 들어서는데 평소와 다른 분위기가 느껴졌다. 축구장 옆 트랙에 경찰 순찰차가 서 있고 차 위의 붉은 등은 느린 속도로 회전을 계속하고 있었다. 트랙 위에는 삿대질을 하며 소리를 지르는 두 사람을 떼어 놓는 경찰과 몇 명의 구경꾼이 주위를 둘러싸고 있었다. 시비를 벌이는 당사자는 한 손에 축구공을 들고 축구화를 신은 30대 후반으로 보이는 남자이고 다른 한 사람은 예상했던 바 대로 호루라기를 한 손에 쥔 검은 머리의 수위였다.

트랙 한 바퀴를 돌아 시비가 붙었던 곳에 가까이 갔을 때에는 경찰의 개입으로 수위는 교무실 쪽으로 걸어갔고 트랙 위에는 시비의 다른 당사자가 아직도 핏기 빠진 얼굴로 씩씩거리고 있었다. 내가 그에게 다가가서 시비가 붙은 이유를 물으니 수위가 호루라기를 불며 다가와서 학생이 아닌 성인이 축구장에 들어왔다며 나가라고 시비를 걸어왔다는 것이다. 그래 경찰은 뭐라고 말하던가 하고 물었더니 싸움만 말리고 떠났다고 했다. 이해가 잘 되지 않아 다시 물었다.

"지역 주민은 축구장 이용을 못 하게 되었나요?"

"저는 이곳 운동장을 자주 이용하는 편인데 얼마 전부터 저 수위가 계속 시비를 걸어오는데 참 열 받네요." 하며 분을 삭이지 못해 안간힘을 쓰는 모습이 역력했다.

"수위와 시비를 하지 말고 관리 책임자인 학교장과 교육청에 상담하세요."라고 말하고 트랙 돌기를 계속하는데 교무실에 들어갔던 수위가 다시 나와 교단 위로 나온 것이 보였다. 수위의 시비 사유도 알아보고 싶어 트랙을 벗어나 교단 위로 올라가서 아직도 험상궂은 표정이 안 풀린 수위에게 물었다.

"아저씨! 저분이 무엇을 잘못했나요?"

"저 친구 축구장에 들어가지 말랬는데 말을 안 들어요."

"저분은 축구장에 들어가면 안 되는 이유가 있나요?"

"학생이 아니지 않아요."

대꾸하는 음성에 불만이 가득하다.

그 순간 수위가 무엇인가 잘못 알고 있다는 생각이 들어 내가 다시 질문을 했다.

"주민이면 운동장을 훼손하지 않는 한 운동 시설을 포함하여 운동장 사용을 할 수 있도록 법이 규정하고 있는데 왜 유독 저 사람은 안 되지요? 혹시 학교 당국이 그런 지시를 내렸나요?"

"……."

갑자기 내 입에서 법 이야기가 나오자 이 양반의 표정이 뜨악해지며 험상궂은 표정이 사라지고 당황스러운 표정으로 바뀐다.

"난 그런 것 잘 몰라요."

"아저씨, 국민체육진흥법이라는 법률이 있어요. 이 법에 의하면 주민이 학교 시설에 훼손을 끼치지 않는 이상 학교 당국이 주민들의 축구장을 포함한 운동장의 사용을 막을 수 없어요. 잘 이해가 안 되시면 학교 당국에 확인해 보세요."

"……."

수위의 표정이 혼란스러운 모습이었다. 뭔가 자기가 이해하고 믿어 왔던 것들에 자신이 없어진 것 같아 보였다.

더 이상 이분을 붙들고 시시비비를 따지는 것은 필요하지 않을 것 같았다. 아마도 내일은 누군가에게 확인을 해 볼 것으로 생각이 되었기 때문이었다. 이제 더 이상 말이 없어진 수위를 뒤로하고 교단을 내려와 트랙 돌기를 다시 시작했다.

그리고 혼자 생각해 본다. 관리자인 학교 당국이 실무자인 수위에게 관련 규정이나 법의 정신에 대한 교육을 단 한 번이라도 실시한 적이 있었을까? 전임 수위와 후임 수비의 인계인수 사항에 포함할 수 없었을까?

  비단 이번 해프닝뿐 아니라 우리 사회의 모든 분야가 나사 풀린 기계 같이 제 궤도를 벗어난 상태에서 돌아가고 있는 것은 아닌가? 그래서 언제고 한번 사회 전체가 멈춰 서는 사태가 예정되어 있는 것은 아닌가?

2017. 10.

생물학적 아버지

'biology'라는 영어 단어의 사전적 정의는 '생물학', '생태학'이고 형용사인 'biological'은 '생물학의' 등으로 되어 있습니다. 이 biological이라는 단어에 father를 연결한 'biological father'를 직선적으로 번역한다면 '생물학적 아버지'가 되겠지요. '생물학적 아버지'라니! 듣기에는 약간 거북스러우나 전달하고자 하는 의미는 우리 말로 '자기를 낳아 준 아버지' 즉 생부生父이겠지요. 참고로 국내에서 발간된 한영사전에는 생부를 'real(natural) father'로 소개하고 있습니다. 아마도 'biological father'라는 도발적이고 거부감을 주는 표현이 우리의 정서나 감정에 적합하지 않아서 의도적으로 사전에서 누락한 걸까요?

오래전 회사의 후배가 찾아와 자기 딸의 결혼 주례를 서 달라는 부탁을 했습니다. 결혼 주례라는 것이 주례사를 준비하는 데 신경이 많이 쓰이는 것은 물론 양가 부모에게 건네야 할 덕담까지 미리 챙겨야 하기 때문에 생각보다 만만치 않은 것이어서 주례 부탁이 들어오면 가급적 이를 피해 왔습니다. 하지만 간곡한 그의 요청을 뿌리칠 수 없어 결국 승낙을 했습니다. 이미 몇 번 써먹은 주례사가 있기로 이를 살짝 변경하여 이용하면 그렇게 신경을 곤두세우지 않아도 될 성싶어서였습니다. 예비 신랑 신부를 결혼식 이전에 만나 보기로 하고 헤어지려는데 예비 신랑이 한국 사람이 아니고 영국인이라고 했습니다. 지금까지 몇 번 주례를 섰지만 외국인을 상대로 한 적이 없었던 터라 적이 당혹스러웠으나 이제 와서 못 하겠다고 할 수도 없어 그대로 진행하기로 했습니다.

며칠 후 호텔 로비의 카페에서 예비 신랑 신부를 만났습니다. 순박한 품성이 풍기는 신랑은 런던 출신으로 중국에 유학 중 예비 신부를 만나게 되었다고 했습니다. 신랑의 순박하고 차분한 성격은 활달하고 외향적인 모습의 예비 신부와 성격이 잘 조화를 이룰 것 같아 보였습니다. 신랑 측 하객이 몇 분이나 결혼식에 참석할 것 같으냐는 질문에 부모님과 동생 등이 참석할 것으로 보인다고 했습니다. 그 정도라면 그 분들에게는 주례사의 영어 번역본을 나누어 주고 주례사는 우리말로 하면 되겠다는 생각에 안심이 되었습니다.

서울 외각에 위치한 4층 크기의 예식장은 각층 로비마다 결혼 시즌의 주말을 맞아 시골 오일장 장터마냥 붐벼서 주례를 맡은 저로서는 오늘 결혼식 분위기가 약간 산만해지지 않을까 걱정되었습니다. 안내양을 따라 식장 안으로 들어가니 앞 좌석 두 줄을 제외한 하객석은 신부 측으로 보이는 하객들로 이미 만석이었으며 객석 맨 앞 두 줄에는(식장의 배려인지 아니면 신부 측의 요청인지 모르지만) 신랑 측 하객임이 틀림 없는 10여 명의 서양인들이 자리하고 있었습니다. 런던에서 서울까지 열두 시간 가까이 걸리는 장시간의 비행과 만만치 않은 비용을 생각할 때 신랑 측 하객이 많지 않을 것으로 예상하고 있었던 나는 앞줄을 꽉 채운 이들 때문에 적지 않은 중압감을 느꼈습니다. 서구인 특유의 당당한 체격과 칼라풀하고 화사한 의상 때문인지 여느 결혼식과는 달리 식장 분위기는 이미 달아오르는 듯 했습니다. 특히 신랑 어머니는 영화 〈클레오파트라〉의 여주인공 헤어스타일과 같이 앞머리를 눈썹 위로 가로로 가지런히 자르고 옆머리는 어깨 위까지 가지런히 빗어 내렸으며 의상은 어깨가 드러나고 치맛자락이 바닥에 끌릴 정도로 긴 흰색의 야회복 차림으로 단연 주위의 이목을 집중시키고도 남았습니다. 신랑 어머니뿐 아니라 일행 개개인의 세련된 옷차림과 우아한 행동이 일반 서민층의 모습과는 거리가 있었습니다.

사회자의 멘트에 따라 심호흡을 한 번 크게 하고 주례석으로 올라갔습니다. "신사 숙녀 여러분! 이곳에 하객으로 참석하신 외국인께서는 배포해 드린 유인물을 참고해 주시기 바랍니다."라는 짧은 영어 멘트로 영국에서 오신 분들의 양해를 구한 후 성혼 선언, 주례사 등 모든 절차를 식장에서 건네준 식순에 따라 우리말로 진행을 하였습니다. 식이 진행되는 도중에도 신랑 측 하객들이 지루해하지 않을까 하는 걱정이 없지 않았으나 다행스럽게도 이분들이 알아듣지도 못할 성혼 선언이니 주례사 등을 경청하고 후속 절차까지 잘 참아 주어 무사히 주례의 임무를 마칠 수 있었습니다.

신랑 신부가 결혼 행진곡에 맞추어 레드카펫 위를 행진하는 동안 양가의 부모에게 주례로서 덕담을 건네려고 신랑 측 부모의 좌석으로 내려갔습니다. 신랑 어머니가 뒤로 돌아서서 영국에서 온 하객들과 축하 인사를 나누고 있어서 우선 신랑 아버지에게 다가가 축하의 뜻을 전했습니다. 그러자 이분이 어색한 표정을 지으며 뒷좌석에 앉아 있는 하객 한 분을 눈짓으로 가리키며 저분이 신랑의 'biological father'라고 말 했습니다. 그분이 축하를 받아야 할 분이니 그분에게 말하라는 의미 일 것이었습니다. 예상치 못했던 이분(양아버지)의 응대와 biological father 즉 '생물학적 아버지'라는 생소한 단어에 한 대 얻어맞은 내 머리는 실타래 얽히듯 헝클어져 작동을 멈춘 로봇 같은 상태가 되었습니다. 그래서인지 멈칫거리며 자리에서 일어서는 뒷좌석의 그분(신랑의 생부)에게 준비했던 덕담 대신에 겨우 축하한다는 말 한 마디밖에 더 할 수가 없었습니다. 그러고 보니 주례를 부탁 받을 때 후배가 신랑 어머니가 재혼을 했다는 얘기를 했던 것 같기도 했습니다.

귀가하는 차량 안에서도 조금 전 결혼식장에서 있었던 일로 내 머리는 꽉 차 있었습니다. 예의 biological father라는 단어에 대한 이질감이었습니다. 영어 표현에서는 단어의 사용이 직관적이고 관계의 정확성을 드러내는 경향이 있어서 그다지 큰 거부감이 없이 사용되고 있지 않나 하는 생각도 들었습니다. 그러나 한국어에서는 감정적 뉘앙스와 사회적 맥락이 정확성보다 더 큰 영향을 미칩니다. 'Biological father'를 직역한 '생부'는 때로는 덜 정중하거나 차가운 느낌을 줄 수 있는 것 같습니다. 그에 비해 '친아버지'는 정서적 연결과 존경심을 반영한 표현으로 여겨질 수 있죠. 특히 우리 문화에서는 언어가 관계의 친밀감과 예의범절을 담아내는 중요한 도구로 작용하기 때문입니다.

혹시 이전에도 양아버지와 생부가 결혼식에 함께 참석한 경우가 우리나라에서 있었는지 모르겠습니다만, 막상 그런 일이 눈앞에 현실로 나타나고 더구나 신랑 부모 좌석에 친어머니와 양아버지가 자리하고 뒷좌석에 생부가 자리를 하고 있는 좌석 배치가 어쩐지 부자연스러웠고 우리의 정서와 상당히 떨어진 것 같았습니다. 이 경우 신랑의 양아버지가 결혼식이 진행되는 몇 시간일지라도 생부에게 자리를 양보하여 친부모가 한자리에 앉아 자식의 결혼을 축하하도록 배려를 해 주었다면 어떠했을까 하는 엉뚱하고 순진한 생각도 해 보았습니다.

P. S.

후배는 가끔 페이스북에 영국에서 살고 있는 딸 가족의 사진을 올려 15년도 더 훌쩍 지난 지금도 화목하게 살고 있는 그들의 근황을 볼 수 있습니다.

어린 손자 손녀의 재롱에 함박 웃음이 가득한 영국 할머니와 파안대소하는 양할아버지의 모습이 담긴 사진부터 최근에는 엄마만큼 커 버린 딸아이와 장난기 남아 있는 아들과 함께 행복한 웃음이 가득한 영국 신랑과 한국 신부의 가족사진까지.

팁 문화

1970년이니까 거의 반세기 전, 기술 연수 차 프랑스 파리에 6개월간 체류할 때다.

열 명으로 구성된 훈련생들은 파리의 변두리에 위치한 여인숙급 수준의 허름한 호텔에 숙소를 정하고 파리에서의 생활을 시작하였다. 한국외국어대학에서 2개월 정도의 속성 불어 위탁 교육으로 어설프게 무장하고 프랑스에 온 우리들의 파리 생활은 언어장애로 일상생활이 예상보다 수월치 않아 저녁에 한 자리에 모일 즈음이면 한두 가지씩 '오늘의 무용담'이 빠지지 않고 등장하여 빠듯한 생활비로 버티느라 마음의 여유가 없었던 우리에게 가끔 웃음거리를 제공하였다.

'봉사료'라고 하는 팁에 얽힌 무용담도 심심치 않게 등장하였다.

호텔에서 제공하는 아침을 제외하고 점심과 저녁 식사를 매 식買食을 해야 하는 우리에게 이 나라의 '팁 문화는 은근히 부담이 되었다. 외대에서 교육을 받을 당시에도 이 나라의 팁 문화에 대한 간단한 소개가 있었는데 레스토랑이나 카페에서는 대개 8~15퍼센트의 팁을 봉사료로 놓고 나와야 한다는 것이었다. 당시 우리나라에는 없던 이런 팁 제도에 약간의 의문이 없지 않았는데 어느 때는 8퍼센트이고 어느 때는 15퍼센트인지, 그리고 커피 한 잔 가져다주는 것이 무슨 대단한 봉사라고 별도로 봉사료를 주어야 하는지 의문스러웠으나 서투른 불어로 질문하기가 부담스러워 그만두었다. 그런데 막상 파리에서의 생활이 시작되면서 이 팁 문제는 가난한 나라 출신의 연수생에게는 상당히 신경 쓰이는 부담이기도 했다.

어느 날 우리들의 불만 섞인 질문에 연수생 관리책임자인 프랑스 친구는 팁이란 봉사에 대한 감사의 표시이므로 불친절하거나 서비스의 질이 마음에 들지 않는다면 반드시 지불할 필요는 없다라고 원론적인 답변을 했다. 하지만 체면을 중시하는 동방예의지국에서 온 우리들이 이를 시도하기에는 버거운 이야기였다. 그러나 이곳의 팁은 '서비스를 받은 후에 서비스에 대한 감사의 마음을 표현하는 것'이라는 원론적인 테두리 안에서 이루어지는 관습이어서 요사이 우리나라에서 변질된 양태인 미리 팁을 주어 좋은 서비스를 놓치지 않으려는 '뒷돈' 성격의 것은 결코 아니었다.

　영국의 귀족 문화에서 시작되었다는 팁 문화는 미국으로 건너가 활성화되었다고 한다. 백인 고용주는 해방된 흑인 노예들을 고용해 부리면서 금전적 보상은 하지 않고 팁을 비롯한 부수입에 의존해 살아가도록 할 수 있었고 특별한 기술을 갖지 못한 흑인 노예들은 그나마 팁을 받아 삶을 유지할 수 있었기 때문이었다. 그래서인지 초기에 미국인들 가운데는 팁을 주는 것에 거부감을 느끼는 이들이 많았다고 한다. 팁을 주는 것이 잘난 체하는 것으로 비춰져 비열하며 비민주적이고 미국인답지 못한 것으로 여겼기 때문이었다. 하지만 호텔, 기차의 짐꾼 등 여행과 관련된 업계와 식당은 팁을 주는 제도가 끝내 뿌리를 내렸다. 비록 미국에서는 팁이 거의 제도화되다시피 되었지만 나름대로의 격식과 품위를 지키고 있는 셈이다.

　그런데 우리나라의 팁 문화는 어떠한가?
　나는 팁 문화가 우리나라에 언제, 어떤 형태로 등장을 했는지 모른다. 확실한 것은 내가 프랑스 연수를 떠나던 1970년까지는 우리들 일상생활에서 '팁'이라는 말을 들어 본 적이 없었다. 그 후로 경제가 좋아지고 전 국토에 개발 광풍이 몰아 치면서 부동산 분야를 포함하여 사회 각층에 졸부들이 양산이 되었고 이때부터 허세와 과시성 문화가 나타나기 시작했는데 아마도 우리

나라의 팁 문화도 이 시기에 발아發芽한 것이 아닐까 하는 추측을 해 본다.

　몇 해 전 일식당에서 동창 모임이 있었다. 오랜만에 만난 친구들이어서 분위기는 매우 정겨웠고 너나없이 오랜 세월 궁금했던 소식 교환하기에 여념이 없었다. 그런데 우리 방 서브를 담당하는 여종업원의 태도는 무슨 이유인지 퉁명스럽고 불친절한 게 방 안의 분위기를 깨뜨릴 것 같아 걱정스러울 지경이었다. 혹시 이 여종업원이 우리보다 먼저 서브한 손님과 실랑이가 있었거나 주인의 꾸중을 들은 것은 아닐까 생각하고 있는데 우리 모임의 총무도 이런 눈치를 채었는지 지갑을 열어 얼마의 돈을 종업원에게 쥐어 주었다. 그랬더니 바로 몇 분 전의 우거지상이 순식간에 바뀌어 마치 다른 사람이 된 것 같이 살갑게 구는 게 아닌가!
　그뿐이랴, 부탁하지도 않았는데 바닥난 반찬 그릇을 치우고 새 접시에 그득히 반찬을 채워 내놓지 않는가!
　처음 우거지상을 했던 것은 먼저 손님과의 실랑이 때문도 아니었고 주인의 꾸중 때문도 아니었다는 말인가?
　나이가 들어 보이는 우리 일행의 행색으로 보아 식사를 마치고 나갈 때 음식값만 치르고 소위 이른바 '봉사료'는 주지 않고 시치미 떼고 나갈 사람들로 보여서 소위 '팁'을 미리 받아내기 위한 분위기 조성이었단 말인가? 그날 내내 씁쓸한 느낌을 버릴 수 없었다.

그 이후로 이 점에 관심을 두고 보아서인지 손님이 종업원에게 미리 팁을 꺼내어 주는 광경을 심심치 않게 볼 수 있었다.

심지어 자리에 앉자마자 종업원에게 팁부터 건네는 손님을 본 적도 있었다. 이런 양태를 어떻게 보아야 할까? 이것을 허세를 부리는 것이라고 보기에는 잘 맞지 않는 부분이 있어 보인다. 사회 정의나 신뢰가 무너져 내린 불신 사회에서 최소한도 손해 보는 거래를 하지 않기 위한 자구책의 일환으로 나타난 것이 아닐까? 응당 받아야 할 봉사의 질을 할인하지 말아달라고 미리 돈을 건네는 것이 아닐까? 이게 사실이라면 어쩌다가 우리사회가 이렇게 삭막하고 황량한 사회가 되었을까?

'tip'이란 좋은 서비스와 신속하며 빠른 서비스를 원한다면 돈을 더 내라는 'To Insure Promptness'라는 말의 약자라는 우스갯소리도 있는데 어쩌다 우리나라에서는 이 우스갯소리만 살아서 날뛰는 것일까?

2018. 3.

첫 주례사

　성인이 되어 삶의 새로운 첫 걸음을 시작하는 신랑 신부가 혼인 서약을 하는 거룩한 자리에 주례를 하고 삶의 지혜를 전하는 임무는 저에게는 매우 부담스럽고 자신이 없어 지금까지는 그런대로 어렵사리 잘 피하여 왔었습니다만, 이번에는 오랫동안 같은 직장에서 근무하면서 높은 인격과 동료들의 존경을 받아 온 신랑 부친의 요청에 용기를 내어 주례를 맡기로 했습니다.

　막상 주례를 승낙하고 나니 주례사로 어떤 내용을 포함하여야 할지 막연하기만 하여 3주 정도 남은 결혼일까지 주례사가 준비가 될 수 있을지 걱정이 앞섰습니다. 불가의 인연론으로 시작하자니 요사이 신세대 커플에겐 생뚱 맞고 진부한 효도론은 하객들마저 지루해할 것 같아 우물쭈물하는 사이 이제는 시간에 쫓기는 상황에까지 몰리게 되었습니다. 부끄러운 일이지만 결국은 한수산 씨의 주례사를 약간 수정하여 사용하기로 하였습니다. 한수산 씨의 주례사는 요사이 젊은이들의 분위기에도 맞고 유명 작가의 손끝에서 묻어난 문학적 향기까지 은은히 풍겨 이보다 더 마음에 흡족한 주례사를 준비할 자신이 없었기 때문입니다.

하지만 다른 분의 주례사를 마치 내가 작성한 양 읽어 내려 갈 수는 없어 약간의 변경을 하기로 하였습니다. 그렇게 해서 고심 끝에 약 5분 정도의 주례사가 완성이 되었습니다. 결국은 짝퉁 주례사가 탄생한 것이지요. 일단 짝퉁도 멋있는 연기를 통해 카므플라주를 잘 하면 진품이나 다름없이 될 수도 있습니다. 열심히 낭독 연습을 한 덕분인지 주례사를 낭독하는 동안 넓은 홀이 정적에 싸이 듯 조용해지고 마이크를 통한 주례의 음성만 울리는 것을 본인도 느낄 수 있었으니까요. 식이 끝나고 신혼부부와 같이 사진 촬영을 위해 주례사 종이를 도우미에게 잠깐 맡겼는데 자기가 가지고 싶다면서 돌려 주지 않는 것으로 보아 그런대로 마음에 들었나 봅니다.

주례사

며칠 전 작가 한수산 씨의 수필인 「나의 첫 결혼 주례사」를 찾아 읽었습니다. 일평생을 살면서 이것만은 하지 않으리라고 다짐했던 결혼 주례를 승낙하고 난 후 당혹과 불안해하는 저자의 고백을 읽으며 실소를 금치 못하였습니다. 눈치 빠르신 분들께서는 이미 알아차리셨으리라 믿습니다만, 이번 결혼식 주례는 저에게도 첫 주례이기 때문입니다. 혹시 약간의 실수가 있더라도 하객 여러분의 넓은 이해가 있으시길 바랍니다.

오늘 결혼식의 주인공인 신랑 A 군은 B 대학을 졸업하고 현재는 C 회사에서 근무를 하고 있습니다. 신부 C 양은 D 여자대학교를 마치고 약국을 개업해 운영 중인 재원입니다.

오늘 결혼하시는 두 분께 마음으로부터 축하의 꽃다발을 드립니다. 아울러 이토록 늠름하게 신랑을 키워 주시고, 눈부시게 곱고, 지혜로운 여인으로 신부를 길러 주신 양가의 부모님께 축하와 함께 감사의 말씀을 올립니다.

러시아에는 다음과 같은 말이 있다고 합니다.
"바다에 나갈 때는 한 번 기도하고, 전장에 나갈 때는 두 번 기도하고, 결혼을 할 때에는 세 번 기도하라."라는 말입니다.
결혼이란 이 삶 속에서 만나게 되는 그토록 두렵고 엄숙한 매듭이 아니겠습니까?

이제 결혼을 하여 새 가정을 꾸리는 첫발을 내딛는 젊은 청춘에게 들려주고 싶은 말도, 멀고 특별한 것이 아닙니다. 우리들의 지난날을 돌아 보면서 이렇게 살았으면 좋았을 것을 하며 가슴에 남아 있는 이야기들을 몇 가지 들려 드리려고 합니다.

영국의 시인이자 비평가인 알렉산더 포프Alexander Pope는 "연애할 때는 꿈을 꾸지만 결혼하면 잠을 깬다."라는 명언을 남겼습니다.

어떤 의미일까요? 사랑은 감동입니다. 그러나 결혼은 생활이며 그리고 현실입니다. 이제부터는 생활인이 되어 가는 마음의 준비를 해야 한다는 말이 아니겠습니까?

그러므로 저는 이 젊은 부부께 말씀을 드리고 싶습니다. 이제부터는 각자의 권리를 반감시키고 두 사람의 가정이 건강하고 행복한 공동체로 태어나도록 의무를 배가시키는 노력을 하시라고…….

가장으로서의 의무, 주부로서의 의무, 그리고 자식으로서 부모에 대한의무. 더 나아가서는 사회 공동체의 일원으로서의 의무를 다하여야 할 것입니다.

다음으로 드리고 싶은 말씀은 '이해와 관용'입니다.

이해란 상대의 생각과 의사도 소중히 여기며 그것을 받드는 것입니다. 그리고 '관용'이란 이해를 바탕으로 너그럽게 받아들이는 마음입니다. 아끼기에 서로에게 늘 부드러우십시오. 서로의 가치를 소중히 하기에 늘 상대의 마음을 존중하십시오. 그렇게 함으로써 두 분의 가정에 평화가 깃들어질 것입니다.

이제 부부가 되어 살아가야 할 이 세상의 나날이 두 분을 기다리고 있습니다. 혼자서도 그렇지만 둘이 살아가는 일도 이 땅 위의 모든 삶이 그렇듯이 기쁨만은 아닙니다. 어쩌면 하루하루 어렵고 힘겨운 시간인지도 모릅니다.

그때를 위해 드리고 싶은 말이 있습니다.

산을 만나면 강물은 그 산을 넘으려 하지 않고 오히려 그 산을 끼고 돌아서 흐릅니다. 깊은 수렁을 만나면 고여서, 넘치면 흐릅니다. 그러나 강물은 결코 흘러가는 일을 멈추지 않습니다. 변함없이 아래로 아래로 흐릅니다.

이제 함께 이 세상을 살아 가야 할 두 분에게 늘 강물의 지혜를 잊지 말라고 부탁드립니다. 어려운 산을 만나거든 돌아서 가십시오. 힘든 수렁을 만나거든 서두르지 말고 고였다가 또 흘러가십시오.

이제 두 분에게 아파치 인디언의 결혼 축시 중 일부 구절을 읽어 드립니다.

    이제 두 사람은 비를 맞지 않으리라
    서로가 서로에게 지붕이 되어 줄 테니까
    이제 두 사람은 춥지 않으리라

서로가 서로에게 따뜻함이 될 테니까

아 대지 위에서 그대들은 오랫동안

행복하리라!

이제 새로운 삶의 첫 발을 딛는 두 젊은 부부에게 신의 가호와 은총이 항상 같이 하기를 기도하면서 주례사로 가름합니다.

2009.

전원주택 단상

10여 년 전 나는 소위 '전원주택'이라 불리는 주택을 강원도 산골에 한 채 준비했다. 서울 집에서 자동차로 두 시간 정도 걸리는 거리에 자리 잡고 있어 웬만한 마음의 준비 없이는 주말에 다녀 오기에도 벅찰 정도로 멀리 떨어져 있었다.

10여 년 전 회사에서 퇴임을 한 후 큰 수술을 받게 되었고 수술 후 회복 기간 중 텔레비전에서 보았던 시골 생활이 앞으로 내게 필요할 맑고 깨끗한 공기를 제공하고, 적당한 노동으로 건강을 회복하는 데 도움이 될 것 같아 산골 주택을 구입한 것이다.

이 산골 주택은 영월의 서강西江 지류인 운학천을 끼고 10여 분을 달리다 쇠락해 가는 전형적인 농촌을 관통하는 좁은 길을 지나 운학산 산봉우리 쪽으로 가파르게 오르다 보면 해발 400미터 정도의 높이에 약간 완만한 경사로 지형이 바뀐 곳에 자리한

벽돌집이다. 이 집 2층 서재에서 창 밖을 내려다 보면 숲으로 가려 보이지 않는 마을 어귀로부터 좁은 시멘트 포장길이 서재 방향으로 완만하게 구불거리며 올라오는 모습과 도로 옆으로 깊게 파인 개울을 따라 일렬로 곧게 뻗은 침엽수 너머로 멀리 운학천에서 피어오르는 아침 물안개가 맞은편 구룡산 자락까지 감싸 안은 광경을 바라보노라면 마치 내가 앉아 있는 이 서재가 속세와 절연한 별천지가 아닌가 하는 엉뚱한 생각이 들 때도 있었다.

첫해는 정원을 손질하고 밭 작물을 심기도하며 친구들을 초대하여 옥외 바비큐 파티를 갖는 등 전원생활의 통상적인 통과 절차를 연습하였다. 여기서 구태여 연습이라고 하는 이유는 그곳에 상주하지 않고 두 주에 한 번 정도 주말을 이용해 1박 또는 2박 정도만 머무르고 바로 귀경하는 형태를 유지 했기 때문이다.

그해 겨울이 시작된 어느 주말 첫눈이 올 것 같은 약간 찌푸린 하늘을 보며 서울을 출발했는데 동네 어귀에 도착할 즈음에는 함박 눈으로 바뀌어 산 위로 올라가는 길이 눈으로 덮이더니 순식간에 길 형태가 사라져 버렸다. 마을 어귀에서 서성거리며 눈이 그치기를 기다리고 있는데 지나가던 동네 사람이 넌지시 충고하기를 올라간다고 해도 눈이 녹을 때까지 닷새 정도는 내려오지 못하고 그곳에 갇혀 지내야 할 것이라 했다. 도리 없이 차를 돌려 다시 서울로 올라오는 차 안에서도 궁금한 것은 서재에서 내려다 보는 설경은 얼마나 아름다울까? 모르긴 해도 여름철 운학천의 물안개보다 더 아름다울 것만 같아 은근히 아쉽기도 했다.

그런데 이런 서정적이고 감상적인 감정은 첫 두 해 정도에 그친 것 같다. 셋째 해 여름철, 두 주에 한 번씩 갔던 이 산골 주택에 바쁜 일로 한 번 누락하고 한 달 만에 가게 되었다. 동네 관통 도로를 지나 경사진 산길을 올라 이제 주차장 진입로 방향으로 좌회전을 해야 하는데 그냥 지나쳐 버렸다. 자갈이 깔린 진입로에 풀이 많이 자라 길을 가려 입구를 놓쳐 버린 것이다.

원 세상에! 한 달 사이에 풀이 자라 집만 덩그러니 남겨두고 주위를 둘러싼 것이다. 1박 2일 계획으로는 어림도 없어 결국은 3박 4일 만에 집 주위의 무성한 풀들을 치워 집다운 집을 만들어 놓고 서울로 철수를 할 수 있었다.

옛날부터 우리 말에 '쑥대밭'이란 말이 있는데 이번 기회에 그 의미를 십분 이해할 수 있었다.

예초기로 풀을 베어 낼 때 요사이는 위험한 쇠날 대신 특수 나이론 줄을 사용한다. 쑥의 줄기는 어렸을 때는 나물로 먹을 수 있을 정도로 부드럽지만 시간을 놓쳐 버리면 쑥의 줄기가 칡넝쿨만큼 질겨져 나이론 줄이 줄기에 엉켜 모터가 정지하거나 줄이 끊어지는 일이 수시로 일어나서 손으로 낫질하는 것만 못할 정도이다. 그 사흘 동안 쑥대밭 정리에 얼마나 바쁘고 힘들었는지 얼굴을 들어 주변 경치 한 번 둘러본 기억도 없이 피곤에 지쳐 서울로 도망치듯 돌아왔다. 그뿐이랴 겨울이 되었다. 아랫집 윤 사장에 의하면 그해 겨울은 유난히도 기승을 부린 동장군 덕분에 가장 추운 날은 영하 17도까지 내려 갔다고 했다. 눈도 오지 않으니 하는 일이 창 밖의 삭막한 겨울 풍경을 바라보는 것이라고 했다. 그렇다. 겨울철 산골 주택에서는 내가 즐기는 유의미한 사건이나 인연의 연출 대신에 책을 읽거나 텔레비전 보는 것 밖에 할 수 있는 일이 없다는 것을 깨달은 것이다.

그래서일까? 처음 생각과는 달리 첫 두 해 정도를 제외하고는 1년에 열흘 이상을 이 산골 주택에 머무른 적이 없었고 최근에는 1년 가까이 찾지 않은 것이다(물론 노모를 집에 모시고 있어 오래 집을 비울 수 없는 사정은 있다). 그렇다고 그곳의 경치가 바뀐 것도 아니다. 여전히 봄철이면 노랗고 향기 나는 산수유 꽃을 시작으로 진달래 철쭉꽃이 큰길에서 집 앞 주차장 입구까지 진입로 양쪽을 수놓고 돌 옹벽 틈새까지 그 아름다움을 과시한다. 여름 한철 동안은 10여 년 간 무성하게 자란 느티나무의 녹음이 시원한 그늘을 제공하며 가을 한 철 내내 알맞게 자란 홍단풍 몇 그루가 선홍색으로 혹은 핏빛 진홍색 잎으로 서로를 뽐내는 모습에 산 위로 걸어 올라가던 사람들의 발걸음을 멈추게 한다. 그뿐이랴, 운학천의 물안개 역시 변함없이 피어오른다.

겨울엔 함박눈이라도 내릴라치면 흰 밀가루를 뒤집어 쓴 화면에 오직 산골 집의 벽돌 색만이 캔버스 위의 이단자異端者의 모습이다.

그런데 지금은 왜 옛날과 같이 운학 집에 가는 날을 들뜬 마음으로 손꼽아 기다리던 정열이 사라진 것일까? 혹시 내 감성이 굳어진 것일까? 나이 들어 가면서 감정의 촉이 무뎌져서 일까? 아니면 여름철 쑥대밭 처리가 힘들어서이거나 겨울철 며칠씩 집 안에 갇히는 것이 두려워서일까?

최인철 심리학과 교수의 「시간이 얼마 남지 않았을 때의 깨달음」이란 칼럼을 읽었다. 최 교수에 의하면 사람들은 나이가 들면서 살아온 날보다 살아갈 날이 더 짧다는 자각을 갖게 된다고 한다. 이런 자각으로 기뻐도 마냥 기뻐하지만 않고, 슬퍼도 너무 슬퍼하지 않는 것은 우리의 의식이 나이에 따라 적절하게 변화하고 있기 때문이라고 한다. 그렇다. 복잡하게 따지고 들어 봐야 나의 감성이 굳어졌는지 감정의 촉이 무뎌졌는지 명확한 결론이 날 것도 아니고, 그저 나이가 들면서 기뻐도 마냥 기뻐하지만은 않는 자각이 생겨서라고 치부하고 말 일이다.

나이가 들면 일상의 모든 행위에서 의미를 발견한다고 한다. 몇 해 전부터 의도적으로 서울에 남아 친구 만나고, 모임에 나가고 인문학 강의를 듣고 취미 생활을 위한 모임에 나가는 등의 일정으로 하루하루를 빽빽이 채워 나간다. 산골 주택에서 자연과 함께하면서 겪을 수 있는 사건과 인연들에 비하면 양과 질의 면에서 비교할 바가 아닐 것이다.

　조만간 전원주택과는 이별을 할 것 같다.

2017. 12.

떠난 뒤 빈자리가 커 보이는 사람이면
좋으련만

지난 연말쯤 고등학교 동창회 간부로부터 전화가 걸려왔다.

투병 생활을 오래 하고 있는 동창을 문병하기로 했는데, 시간이 있으면 같이 가자는 제안이었다.

졸업 후 벌써 35년이 지나서이기도 했지만 동연록同硯錄을 찾아 사진을 보고서야 비로소 어렴풋이 기억이 나는 게 아무래도 같은 반에서 공부한 적은 없었던 것 같았다.

연말의 바쁜 일정도 그렇고 공연스레 마음의 여유도 없어서 문병을 가지 못하고 동창회 간부를 통하여 쾌유를 바라는 마음을 전해 줄 것을 부탁했었다.

그리고는 바쁜 일상에 파묻혀 이 일에 관해서는 까마득히 잊어버리고 있었다.

그런데 며칠 전 집으로 배달된 우편물 더미 속에 얄팍한 편지

봉투가 있어 골프 회원권이나 헬스 클럽 선전을 위한 우편물인가 하고 뜯지도 않고 버릴까 하다가 왠지 정성 들여 주소와 이름을 써 놓은 게 마음에 걸려 봉투를 열고 읽게 되었다.

"도움을 주지는 못해도 부담을 주지 않는 생을 살았어야 하는데……."로 시작하는 한 장짜리 편지 글을 들여다보는 순간, '아! 이 친구구나. 투병 중이라던…….' 하는 생각이 번뜩 들었고 갑자기 마음 한구석에 문병도 못한 친구에 대한 미안한 마음이 밀려와 난감하기가 이루 말할 수 없었다.

"마음에 와닿는 글이 생각나 몇 자 적어 보네." 하고 계속되는 그 친구의 편지는 얼굴마저 아른아른하고, 35년도 훌쩍 넘게 만나지 못해 이제는 낯선 사람이나 다름없는 사람으로부터의 글이 아닌, 감수성 예민했던 청소년 시절에 가까운 친구로부터 편지를 받아 읽는 것 같은 감동과 연민을 일으켰다.

"남에게 좋은 모습으로 오래 기억될 수 있는 사람이 되면 좋으련만…….

그가 가까이 있을 때 사랑을 받고, 그가 떠난 뒤에 그 빈자리가 더욱 커 보이는 사람이면 더욱 좋겠지만, 그가 가까이 있을 때 미미한 존재였을지라도 그가 떠난 뒤에 그 빈자리가 느껴질 수만 있다면 그것으로 족할 것이다.

벗의 관심과 위로를 힘 삼아 최선을 다해 투병을 하겠네."

위처럼 짧게 마치고 있었다.

어떤 유명한 작가의 작품에서 이러한 글귀를 읽었다 한들 지금 내가 느끼는 감동과 연민을 느낄 수 있겠는가? 그것은 투병중인 친구가 쉽사리 치유될 수 없는 병을 앓고 있고, 그래서 어쩌면 인생의 깊은 의미를 수없이 되새겨 보았을 사람의 독백이어서일까?

대우건설에 다시 몸담은 지 벌써 7년이란 시간이 가까워 온다. 짧지만은 않은 기간이지만 선배 및 동료 그리고 많은 후배 사원들과 생활을 해 왔고, 내일도 더 낳은 팀, 더 발전하는 본부 그리고 21세기 초일류 기업을 만들기 위하여 다 같이 노력하는 대열에 끼어 바쁜 하루하루를 보내고 있을 것이다. 어쩌면 친구의 편지로부터 받았던 감동이나 연민은 얼마 가지 않아 잊어버리거나 잊힐지 모른다. 그러나 나는 오늘도 나 자신을 돌이켜 본다.

  떠난 뒤 그 빈자리가 커 보이는 사람이 되려고 노력하고 있는지? 아니 그렇게는 못 되어도 그 빈자리가 느껴질 수 있는 선배가 되어 후배들에게 기억될 수 있도록 노력하고 있는지?

1997. 3.

감나무

우리 집 마당에는 감나무 두 그루가 있다. 한 그루는 서울올림픽이 열리던 해에 협소한 집을 뜯고 새로 지어 입주할 때 기념으로 구해다 심은 단감 나무다. 30년이 지난 지금 이 나무는 오래된 느티나무처럼 대문에서부터 현관까지 이르는 상당한 면적의 마당을 뒤덮을 정도로 옆으로 퍼졌고 2층 서재의 창문을 그늘지게 할 정도로 높게 자라 큰길에서 볼 때 집을 그럴싸하게 감싸고 있다.

나는 최근까지도 이 나무를 '늙은 감나무'라고 불렀다. 과일나무 중 감나무의 수령이 제일 길어 사람 수명이나 차이가 없고 500살이 넘은 감나무도 있다는 사실을 알지 못했고 뱀 비늘처럼 갈라져 벌어진 나무 줄기와 가끔 고목나무처럼 썩어 땅 위에 떨어진 가지를 보며 이 감나무를 수령이 다한 늙은 나무로 잘못 생각하고 있었던 셈이다.

다른 한 나무는 대봉이 열리기 시작한지 이제 3년째인 신참 나무로 전나무 같이 위로 곧바르게 뻗어 마치 늙은 감나무 영역에 근접하는 것이 두려워 조심하는 자세다.

5, 6월이 되어 감나무에 꽃이 피기 시작할 때가 되면 '늙은 감나무'는 황백색의 꽃을 선보인다. 가지마다 어지러울 정도로 핀 감꽃을 보아 해거리를 하는 감나무이지만 올해는 감 수확이 괜찮은 해가 될 것을 짐작할 수 있다. 반면 신참 감나무는 손으로 헤아릴 수 있을 정도의 꽃만을 피운 게 아직도 세상살이에 주저하는 모습이다.

얼마 지나지 않아 감꽃이 떨어지기 시작한다. 이때는 아침에 현관문을 열고 나가면 마치 밤사이 눈이 내린 것 같이 바닥에 감꽃이 떨어져 있다.

수분受粉이 되고 떨어진 것인지 아니면 영양분 공급이 제대로 되지 않아서 그런지 알 수 없으나 이러다간 금년에 감 수확이 없는 게 아닐까 하는 걱정이 들 정도로 떨어져 있다. 하지만 꽃잎이 사라진 곳을 보면 콩알만큼 작은 감이 어느새 자리를 잡고 있어 신기할 따름이다.

저렇게 많은 감이 다 자라면 약한 가지가 견딜 수 있을까 하고 은근히 걱정을 하고 있는데 이젠 꽃 대신 어린 감들이 떨어지기 시작한다.

이 상황은 스스로 일부의 감을 떨어뜨려 스스로 감당이 가능한 수준만 유지하기 위한 선제적 대응 조치라는 것이다.

반면 '신참 감나무'는 손으로 꼽을 만큼 적게 열린 어린 감들이 혹시라도 떨어질까 봐 노심초사하며 신경을 쓰는지 여름 한철이 다 가도록 땅에 떨어진 어린 감을 볼 수가 없다. 참으로 자연의 섭리가 놀라울 따름이다.

어쩌다 보니 마당이 딸린 집에 살게 되어 몇 그루 나무도 심고 귀퉁이 한 곳에 고추와 상추도 심어 여름 철 반찬거리로 먹고 있지만, 가뭄에 물 주는 것 이상으로 나무 기르는 기술을 아는 것이 없던 나는 '늙은 감나무'에 비료나 살충제를 써 본 적이 없었다.

그런데도 이 늙은 감나무는 주인의 무관심을 개의치 않고 소리 없이 자라더니 어느 날 꽃이 열리고 초롱 같은 어린 감이 형태를 갖추더니 가을이 되자 제법 형태를 갖추었다. 그런데 얼마 후 상당히 자란 큰 감들이 떨어지기 시작했다. 아침에 문을 열고 나오면 한두 개 정도는 떨어져 있는데 떨어진 감들이 마치 어미가 힘에 부쳐 버린 자식 같이 보여 첫 해에는 마음이 짠하기도 했다. 서리가 내릴 즈음이 되자 늙은 감나무는 첫 해에는 몇 개 안 되는 감을 선사했다. 그리고 다음 해부터는 수확량이 만만치 않게 많아져서 근래에는 아들, 손자 그리고 며느리들까지 불러 감 따기 모임을 갖는다. 어른 키가 닿을 정도로 처진 가지의 감은 손자 손녀들이 딸 수 있도록 되도록 놔두고 나머지 감들은 사다리와 감 따는 기구를 이용해 수확을 한다. 많게는 100여 개를 따기도 한다. 그래도 나무 꼭대기 쪽에 어림잡아 20개가 넘는 감은 사다리나 기구를 이용해도 닿지 않아 보시普施하는 기분에 소위 '까치밥'으로 남겨 둔다.

 옛날부터 감나무를 예찬하는 글이 심심치 않게 있다. 그중에는 감나무를 오상五常(문무충효절文武忠孝節)으로 비견하기도 하는데 그중에서도 '서리를 이기고 만추까지 유일하게 버티는 과일'이라는 점에서 절節이 가장 잘 어울리는 것으로 보인다.
 지금은 SNS 시대니 뭐니 해서 많이 사라지고 없지만 우리 젊은 시절 연말이 다가오면 많이 찾던 연하장 중에는 눈 덮인 시골마을 풍경 그림이 많았다.
 여기에는 예외 없이 흰 눈을 뒤집어 쓴 감나무에 붉은 색 점으로 나타낸 '까치밥' 몇 개가 매달린 그림이 다수 있어서, 희수를 눈 앞에 둔 나의 귀소 본능을 아직도 자극하는 마력을 잃지 않고 있다.

 도심 속 감나무에 걸린 까치밥으로 귀소 본능까지 운운하는 것은 상당한 비약임에 틀림 없으나 2층 서재 밖으로 보이는 감나무와 반쯤 파 먹힌 까치밥 한 톨이 하루 글거리가 되었음에 고마울 뿐이다.

2017. 11.

등산화

거의 3년 가까이 처박아 놓았던 등산화를 찾으러 지하실로 들어갔습니다.

퇴직 후 등산 동호회에 가입을 하면서 거금을 들여 장만했던 등산화인데 제대로 활용을 못 하고 있던 차에 이제부터는 돈 들인 값을 해야겠다는 생각으로 야밤중에 컴컴한 지하실로 내려갔습니다.

그런데 선반 위에 나란히 얹어 놓은 신발이 한 짝만 덩그러니 서 있는데…….

가슴이 덜컹하는 게 아무래도 우리 집 망나니인 진돌이(진돗개는 진돗개라는데 뭔가 IQ가 많이 부족한 게, 돈 들여 입소 훈련까지 마쳤지만 주인 친구에게는 짖고 부랑인에게는 꼬리 치는 반골임)가 며칠 전부터 부지런히 지하실로 들락거리던 이유를 몰라 궁금하던 였는데. 분명히 없어진 한 짝이 만신창이가 되어 지하실 구석 어딘가에 박혀 있으리라 생각이 되어 지하실까지 따라와 꼬리 치는 녀석을 발길로 한 번 걷어찼습니다. 녀석은 주인이 술 취한 것도 아닌 것 같은데 갑자기 실성했는가 하는 의심 찬 눈초리로 꼬리 내리고 곁눈질하는 게 억울하다는 표정 같기도 했습니다.

날 밝은 아침에야 선반 뒤쪽으로 떨어져 먼지로 수북이 덮여 있으나 상태는 멀쩡한 나머지 한 짝을 발견하였습니다.

어제 밤 주인한테 난데없이 봉변을 당한 진돌이 녀석은 또 다른 봉변을 당할까 봐 아예 한 발짝 떨어져 곁눈질을 하면서도 여전히 꼬리를 흔들어 대는 모습에 나는 그만 무장 해제가 되고 말았습니다. 몇 년 만의 등산에 애꿎게 진돌이 녀석만 발길로 차이는 봉변을 당한 셈입니다.

늦은 가을 한나절을 산행으로 채워 보렵니다.

2008. 10.

어머니

오래전 거실에서 혼자 텔레비전을 보고 있었다.

'어버이날'을 주제로 한 토크쇼였는데 당시 사극에서 왕이나 노대신 배역을 단골로 맡았던 나이 지긋한 원로 탤런트 한 분이 90 가까이 된 모친을 모시고 대담자로 출연하였다. 사회자와 대담이 시작되면서 이 노탤런트의 눈물을 가득 머금은 눈에서는 곧 눈물이 흘러내릴 것만 같았다. 반면에 검은 머리 한 올 없는 백발에 흰 한복으로 차려입고 단정히 의자에 앉은 노모의 얼굴은 깊게 팬 주름살 외에 어떤 감정 표시도 읽을 수 없는 석고상 같은 표정이었다.

대담이 진행되면서 어렵던 지난 옛날의 삶으로 화제의 중심이 옮아갔고 삶의 궤적을 되돌아보는 과정에서 이 원로 탤런트는 고생스럽던 어린 시절 모자의 삶이 떠올라서인지 또는 노모의 표정 없는 노안(老顔)이 안쓰러워서인지 자신의 감정을 걷잡을 수 없어 하는 모습이 역력해 보였다.

거기까지였다. 노텔런트보다 내가 먼저 눈물을 쏟을 것 같아서 다른 채널로 화면을 돌린 것이다.

나에게는 아버지에 대한 변변한 기억이 없다. 변변치 않은 기억마저도 자라면서 친척 어르신들의 대화 속에서 드물게 주워들었던 얘기의 편린들이 내 머릿속에 오랜 세월 동안 자리 잡으면서 형상화된 것들일 것이다. 아버지는 내가 겨우 만 네 살일 때 지병으로 돌아가셨다. 내 밑으로 두 살 된 여동생과 세상에 태어나지도 않은 유복녀를 놔두고 30을 넘긴지 2년이 채 안 된 나이로 세상을 떠났다. 그 시절 우리나라는 해방이 되었으나 정부도 수립이 되지 않아서 사회는 지극히 혼란스러워 젊은 장정들도 살아가는 것이 불안한 시기였다. 그런 험난한 세상에 30이 아직 안 된 미망인이 젖먹이까지 낀 세 아이와 함께 내던져진 것이다. 이분께서 지금 100세가 되신 나의 어머니이시다.

급격히 쇠락한 8천석꾼 낙안 김부자 집의 장손녀로 고생을 모르고 자랐던 어머니는 남편과의 사별이 형용할 수 없는 슬픔이요 어린 세 아이와 함께 살아갈 일이 크나큰 두려움이었을 것이다. 내가 고등학교에 다니던 시절 집에 찾아 온 친척과의 대화

중에 당신이 "남편 죽음이라는 큰일을 겪으면서도 어린 자식들과 살아 나갈 일이 걱정되어 눈물 한 방울 흘릴 수 없었다. 그래서 주위로부터 독한 여자라고 손가락질을 받았다."라는 말씀을 하셨다. 옆방에서 이 이야기를 우연히 듣게 된 나는 큰 충격을 받았다.

그때까지 어머니는 아버님에 대한 얘기나 고생스러웠던 당신의 삶에 대해서 자식들에게 어떤 말씀도 하신 적이 없었기 때문이다.

남편과 사별 후 어머니는 경제적으로 기댈 형편이 못될 정도로 몰락한 친정이 있는 벌교로 이사를 하였다. 얼마 후 다행스럽게도 어머니는 벌교상업학교에 교사 자리를 얻게 되었다. 어머니의 취업은 한 치 앞을 내다볼 수 없는 그 시기에 말로 할 수 없는 천행天幸이었다. 어머니께서 학교에 출근하신 동안 어린 우리들을 미혼인 이모가 봐줄 수 있었지만 젖먹이 막내는 어머니의 젖을 먹어야 했다.

지금이야 분유도 있고 대체할 식품이 널려 있지만 당시는 꿈도 꾸지 못할 일이었다. 그래서 학교 점심시간 동안에 당신은 점심을 거르고 집에까지 뛰어와 막내에게 젖을 먹이고 오후 수업 시간에 맞춰 학교로 돌아가는 힘든 생활을 상당 기간 동안 하셨다.

그리고 얼마 있지 않아 여순 반란 사건이 터지고 반란군에 의한 양민의 학살 그리고 수복 후 국군의 보복으로 벌교는 쑥대밭이 되었다.

수복 직후 수복군은 반란군에 부역한 자를 색출하기 위해 벌교의 전 주민을 학교 교정에 모아 놓고 아침부터 조사를 시작했는데 밤늦은 시간이 되어도 끝날 기미가 보이지 않자 초조해진 어머니는 조사관에게 집에 어린 자식 셋이 굶고 기다리고 있는데 밥을 차려 주고 돌아오겠다고 사정을 하자 감시원을 붙여 다녀 오도록 허락을 하여 자정이 넘어서 집에 오신 것이다. 한밤중에 국군 감시원과 함께 집에 돌아오신 어머니는 우리에게 밥을 차려 주고 다시 소집 장소로 가셨다. 그리고 채 2년이 지나기도 전에 터진 한국 전쟁의 참화까지, 한국 현대사의 가장 어려웠던 기간을 『태백산맥』의 무대인 벌교에서 어머니께서는 세 아이와 가정을 격랑으로부터 지켜내신 것이다.

내가 초등학교 6학년에 올라가자 어머니는 광주 소재 중학교로 발령을 받아 온 가족이 광주에서 7년을 함께 지낼 수 있었다.

나와 동생들이 대학에 진학하여 서울로 올라온 다음에는 정년 퇴임 때까지 15년 가까이 어머니 혼자서 전라남도의 시골중학교의 교감과 교장으로 몇 곳을 더 다니시다가 정년 퇴임을 하시고 비로소 서울로 올라오셨다.

퇴임 후 서울로 올라오신 이후에도 지난날의 어려웠던 시절을 떠올릴 수 있는 화제는 한사코 입에 올리지 않으셨는데 유독 전남 화순군 북면 중학교에서 근무하실 때 힘 들었던 얘기는 한두 번 들을 수 있었다. 이 중학교는 학생 수도 많지 않고 작은 학교로서 학교 위치가 동네로부터 멀리 떨어진 산기슭에 자리 잡고 있어 대낮에도 적적한 곳이다. 그런데 교장 사택은 더 외딴 곳에 자리 잡고 있어 밤에는 지척에서 들리는 짐승 소리에 자물쇠로 방문을 몇 겹으로 채우고 날 새기를 기다렸다고 하셨다.

　어머니는 우연히 생각이 난 김에 말씀하신 것이지만 처음 들었을 때 너무나 죄송스럽고 가슴이 아팠던 기억이 지금도 남아 있다.

　바쁜 직장 생활 때문이라는 구실로 어머니를 찾아 뵙고 하룻밤이라도 무서움을 달래 드리지 못한 죄스러움이 있었기 때문이다.

　그때의 어둠에 대한 공포 때문인지 100세가 되신 지금도 날이 어두워지면 위층 아래층 가릴 것 없이 몸소 방문 단속과 커튼 닫기에 온 신경을 쏟으신다. 여름철 한 더위에 꽁꽁 닫아 버린 방문을 뒤따라가면서 열고 다녀야 하니 그것도 만만치 않은 일이다.

　중학교 다닐 때의 일이다. 무슨 잘못을 저질렀는지 기억을 할 수 없으나 나는 종아리를 걷어 올리고 회초리를 드신 어머니의 꾸중을 들었다.

무척 속이 상하셨는지 회초리로 몇 대 때리고 나신 후 한참 있다가 "남에게 아비 없는 후레자식이란 소리를 듣고 싶으냐." 하고 나무라셨다.

그날의 꾸중은 나에게 평생의 경구가 되었다.

어머니는 우리가 통상 어머니라는 단어에서 느낄 수 있는 포근함과 자애로운 성격은 아니었다. 여성으로서는 강인한 편이었고 매사에 엄격하며 정의로워야 한다는 생활 신조를 가지셨다. 또한 학생들뿐 아니라 자식들에게도 똑 같은 잣대를 적용하다 보니 모자간의 허물없는 정을 주신 적은 없었던 셈이다. 항상 훈육 주임 같은 느낌이었다.

초등학교 4학년 정도 되었을 때의 일이다. 전쟁 중인 시절 우리들에게 호사스러운 먹거리가 있을 턱이 없었다. 그런데 친척 분이 말린 오징어 한 묶음을 보내 주어 골방 안에 있는 쌀 뒤주에 넣으셨다. 그 당시 우리는 운이 좋게도 학교 관사로 옮겨 살고 있었다.

기와를 얹은 세 칸짜리 집으로 부엌에 붙은 작은 부엌방과 안방 그리고 안방 옆으로 작은방이 하나 붙어 있었는데 안방과 작은방은 마루로 연결이 되어 있었다. 이 관사에서 먼저 사시던 분도 부엌방과 안방만 쓰시고 작은방은 오랫동안 사용을 하지 않아 천정에 바른 도배 종이들이 곳곳에 구멍이 나 있거나 찢긴 종이가 아래로 처져 있어 밝은 대낮에도 섬뜩하여 가까이 가지 않왔다.

특히 밤이 되면 안방과 작은방의 천장은 쥐들의 놀이터가 되었는데 어린 나의 생각으로는 저러다 천장의 터진 틈으로 한두 마리쯤 바닥으로 떨어지지 않을까 하는 걱정을 하곤 했다. 그 방에 자리 잡은 옛날 뒤주는 어찌나 튼튼하게 만들어 졌는지 쥐들도 손을 들었던 것 같았다.

그래서 어머님은 마른 오징어 묶음을 뒤주에 넣은 것이다. 낮부터 뒤주 속에 넣어 둔 오징어포 생각이 머리에 맴돌던 나는 밤이 깊어 가면서 생각이 더욱 간절해져 어머니에게 오징어포 얘기를 하고 말았다.

그랬더니 어머니 말씀이 "아, 참! 오징어를 뒤주에 넣었지." 하시며 일어서다 무슨 생각을 하셨는지 다시 자리에 앉으시더니 "그래. 먹고 싶으면 네가 가서 가져오너라." 하시는 것이었다.

내가 큰 실수를 한 것이다. 사태가 이 방향으로 발전할 것으로는 예상하지 못했으니까.

"무서워요." 하는 나의 대답을 듣고 계시던 어머니가 정색을 하시면서 "너는 사내대장부야. 우리 집의 유일한 남자다." 하시곤 "가서 가져와." 하신다.

이제는 피할 길이 없어졌다. 전등도 없는 그 무서운 방을 촛불을 들고 들어가서 오징어포를 묶어 쥔 채 들고 뒤도 돌아보지 않고 뛰쳐나왔다.

어머니는 묶음 중에서 한 마리만 끄집어내시고 나머지를 다시 묶은 다음 나에게 주면서 뒤주에 다시 넣고 오라고 하셨다. 참았던 울음이 터지려는 모습에 이제 어머님은 회초리까지 들었다. 그날 모르긴 해도 대낮에도 가까이 가지 않았던 작은방을 두 번은 더 왔다 갔다 했던 기억이 이제는 현실 같기도 하고 꿈을 꾼 것 같기도 한 상태로 머리에 남아 있다.

내가 학업을 마치고 사회생활을 시작하면서 어릴 적엔 부담스럽고 두렵기까지 했던 강인한 어머니의 성격과 엄격한 생활신조에 대한 인식이 달라졌다. 어머니에게 그런 강인한 면이 없었더라면 우리 가족은 우리 현대사의 가장 고난스럽던 그 시기를 이겨 내지 못했을 것이고 따라서 현재의 우리도 있을 수 없었을 것이라는 생각을 하게 된 것이다.

지난해 일가친척을 모시고 어머니의 백수연白壽宴을 가졌다. 작년까지도 부축하는 손을 매섭게 뿌리치고 지팡이를 거부하시던 독립심과 자긍심이 아직도 여전하신 편이었지만 역시 세월을 이기는 장사가 없듯이 완강하게 거부하시던 부축하는 손을 요사이는 못 이기는 체하시며 맡기는 것에 마음이 무겁다. 최근에는 말씀도 없어지고 감정 표시가 사라진 얼굴에는 유난히 깊게 팬 주름살만 가득하다.

불현듯 텔레비전 속 노탤런트의 눈물 머금은 얼굴이 떠올랐다. 그리고 노탤런트의 얼굴이 천천히 내 얼굴 모습으로 바뀌고 그 앞에 주름살 가득한 나의 어머니의 표정 없는 모습이 겹쳐 어른거렸다.

2017. 9.

아버님 전 상서

70년 전 아버님께서 세상을 뜨실 때 30도 채 안 된 나이로 미망인이 되셨던 어머님이 새해 들어 만 100세가 되셔서 가족들의 축하 인사를 받으시고 기뻐하시더니, 보름도 채 지나기 전에 아버님 곁으로 홀연히 떠나가셨습니다.

연세가 많으셔서 마음의 준비는 하고 있었습니다만 최근까지 건강하셨기 때문에 이렇게 갑자기 돌아가시리라 생각하지 못하고 있던 우리들에게는 청천벽력 같은 일이었습니다.

아버님, 저희 삼 남매도 이제 모두 70이 넘어 노년기에 들어섰습니다. 그럼에도 어머님을 잃은 우리는 마치 부모 잃은 어린아이와 같이 어찌 할 바를 모르겠으니 이 어인 일인가요? 유아기를 벗어나지 못했던 우리 삼 남매를 아버님 몫까지 맡아 우리 사회의 가장 극심한 격동기를 잘 이겨 내시고 지켜 오신 어머님이었기에 마치 어린 나이에 부모님을 한꺼번에 잃고 일순간에 고아가 된 듯한 충격입니다.

저희 삼 남매는 아버님에 대한 변변한 기억이 없습니다. 변변치 않은 기억도 주위 어르신들의 말씀에서 주워들은 편린들이 세월과 함께 제멋대로 굳어진 것들입니다. 다행히도 아버님의 유품들이 몇 가지 남아 있어서 막연하게나마 아버님에 대한 그림을 그려 볼 수가 있었습니다.

아버님이 큰처남(저희에게는 큰 외숙님)에게 보내신 서찰을 외숙께서 오랫동안 보관하시다가 저희들이 장성하여 사회에 나오자 보내 주셨습니다. 30년 이상을 보관하신 셈이니 그 정성이 얼마나 대단한지 감격스러웠습니다.

오래되어 약간 변색이 되고 부스러질 듯한 서찰을 처음 열어 보고 제가 받은 놀라움이 이만저만이 아니었습니다.

폭 20센티미터 남짓에 가로로 거의 1미터 길이의 얇은 한지를 봉투 규격에 맞추어 스무 번이나 접은 긴 서찰이었습니다.

어머님은 외숙이 넘겨준 서찰을 읽으시고 봉투에 연필로 "생전에는 한 번도 보지 못했던 글씨를 나도 처음 보는데 필치筆致가 훌륭하구나. 일어로 된 것이 아쉽구나!"라고 써 놓으셨습니다. 세필細筆 붓을 사용하여 세로로 써 내려간 글씨가 마치 승무僧舞를 보는 듯하였습니다.

멈춘 듯 이어지고 이어지는 듯 끊어지며, 바람에 나부끼듯 좌우로 나풀거리면서 굵게 쓴 한자와 강약의 균형을 맞춘 것이 서예에 문외한이었던 저의 눈에는 흡사 예술 작품을 보는 것 같았습니다. 이 서찰을 주시면서 외숙님의 말씀은 당시 27세의 젊은 자형의 글씨가 너무 훌륭하여 보관하던 중 이제 너희들이 장성하여 사회인이 되었으니 돌려주는 게 좋을 것 같아 보낸다고 말씀하셨습니다.

이때 받은 감동이 서예에 대한 동경이 되어 제가 은퇴한 후 인사동으로 서예를 배우러 다니게 된 동기가 되었습니다.

7년 가까이 배워 붓글씨에 대해 약간의 보는 눈이 생긴 지금도 아버님의 서찰을 보면 나로서는 도저히 흉내를 낼 수 없음을 고백하지 않을 수 없습니다.

다른 하나의 유품은 아버님의 앨범 두 권입니다. 하나는 목포상업학교 졸업 앨범이고 다른 하나는 아버님의 소학교 졸업부터 목포상업학교를 거쳐 은행에 근무하시던 시절까지의 사진들이 모아진 앨범입니다. 80년도 넘은 앨범이지만 요사이 앨범과는 달리 고급 천으로 겉표지를 둘러 튼튼하고 고급스러워 보이는데, 오랜 시간이 흘렀음에도 약간의 손때를 탄 흔적을 제외하고는 여전히 귀티를 풍기고 있습니다. 겉장을 넘기면 옅은 베이지 색의 간지間紙가 있고 검은색의 낱장이 시작 되는데 이 간지에 '1933년'이라는 년도와 '아버님의 이니셜'이 선명히 표시된 펜화가 있습니다. 한 장 전체를 가득히 채운 그림에는 운동 모자를 차양이 뒤로 가도록 쓴 젊은 사진사가 주름상자가 붙은 옛 사진기를 한 손에 들고 다른 한 손에 셔터용 고무공을 쥔 모습으로 사진기의 초점을 맞추는 모습과 단발머리에 금발의 젊은 여인이 핫팬츠와 하이힐 차림으로 줄넘기를 하면서 사진기 앞에 포즈를 취한 펜화 입니다.

그림 속 여인의 코믹한 모습이나 사진사의 진지한 자세는 감탄을 하지 않을 수 없을 정도로 잘 표현이 되어 있습니다.

1933년이라면 아버님이 18세 때로 상업학교를 졸업하신 해 같기도 합니다. 남겨진 붓글씨와 그림만으로도 이 분야에 특출한 재능을 가지셨구나 하는 생각에 그렇다면 제게도 약간의 재능이 있지 않을까 하는 생각으로 70이 넘어 그림도 배우러 다니기 시작했습니다.

또 다른 놀라움은 목포상업학교 졸업앨범에 전남도 정구 시합에 학교 대표로 출전하여 우승한 후 우승기를 앞에 놓고 찍은 사진이었습니다.

어머님께서는 "전남 대표로 일본에서 열리는 본선에 출전을 하셨다는데, 사진이 없는 것으로 보아 본선에서는 등수 안에 들지 못하신 모양이지."라고 하시며 웃으시는 게 아무래도 결혼 전 이야기라 잘 알지 못하시는 것 같기도 했습니다.

아버님.

어렸을 적 저는 아버님을 사무치게 그리워하거나 아버지 손을 잡고 걸어가는 친구들의 모습을 부러워하여 의기소침해지지도 않았던 것 같습니다. 아버지의 위상이나 부정父情이 어떤 것인지 체감하기도 전에 돌아가셔서 저의 인식 속에 아버님이 차지할 공간이 자리를 잡지 못했기 때문이었겠지요. 제가 결혼을 하여 첫째 경준과 둘째 형준이 연년생으로 태어나 마치 쌍둥이를 키우는 것 같이 정신이 없던 시절이었습니다.

어느 날 유아용 침대에 나란히 누어 우유병을 빨고 있던 아이들을 물끄러미 쳐다보다가 문득 당시 제 나이가 돌아가시던 해의 아버님의 나이와 같은 나이라는 데 생각이 미치자 꼼지락거리는 저런 어린아이들을 두고 눈을 감은 아버님에 대한 인간적인 동정이 애틋한 감정과 함께 자리하게 되었습니다.

몇 해 전 집에서 가까운 지하철역에서 열차를 기다리던 중 스크린도어에 새겨진 시 한 편을 보았습니다.

어릴 적
초등학교 운동회 날
아이들은 모두 아버지 손을 잡고 달리는데
나는 하릴없이 높아진 하늘을 바라보다가
아버지가 떨어뜨리신 구름 한 조각을 잡고 혼자 달렸다

그 운동장이 너무 넓어 울며 달렸다

　강중훈의 「구름 한 조각 손에 쥐고 혼자 달렸다」라는 제목의 시였는데 지하철을 기다리다 우연히 읽게 되었지만 읽어 가면서 난생처음 아버님에 대한 그리움으로 감정이 북받쳐 눈물을 흘렸습니다. 지하철을 기다리던 주위 승객들의 호기심 어린 눈초리도 개의치 않고 울먹였습니다.
　감수성 예민한 청소년 시절에도 느끼지 못했던 격한 감정을 70이 넘은 반백의 중노인이 되어 맛보며 이렇게 외쳤습니다. "야, 이건 예상치 못했던 발견이다. 지금까지 아버님에 대한 나의 감성은 피어 보지도 못하고 메말라 버린 줄로만 알고 있었는데 나의 내면 깊은 곳에서는 아버님에 대한 그리움이 이렇게도 절실했구나!"

　저의 마음이 이러할진대 5년도 못 되는 짧은 결혼 생활이 전부인 어머님의 남편에 대한 그리움은 어떠했을까요? 슬픔도 웬만해야 눈물도 나온다는데 저희 삼 남매 앞에서는 단 한 번도 눈물이나 탄식을 보이시거나 그런 내색을 보이지 않으셨습니다. 지난해 가을 어머니 백수연에 참석하신 후 귀가하시던 막내 외숙이 "네 어머니가 오래전에 혼자 독백을 하시는 것을 들었는데 저세상에 가서 남편을 만나면 혼자서 아이들 키우느라 고생했다고 한 번쯤 업어 줄런가?" 하시더라는 말씀을 전해 주셨습니다.

이 말씀을 듣는 순간 격한 감정이 다시 밀려와 하마터면 외숙 앞에서 울먹일 뻔했습니다. 외숙을 배웅하고 돌아와 마주한 어머님의 얼굴은 변함없이 무표정한 모습이어서 더욱 저의 가슴을 아프게 했습니다. 그리고 채 3개월이 지나기도 전에 어머님은 아버님 곁으로 떠나가셨습니다.

영안실에 모셨던 며칠간 유난히도 강력한 한파로 세상이 모두 꽁꽁 얼어붙은 날씨가 계속되어 걱정을 많이 했었는데 어머님을 아버님 곁으로 모시던 날 당일은 마치 봄 날씨같이 풀려 두 분의 만남을 축하해 주는 것 같았습니다.

납골묘 문을 열고 어머님의 유골함을 아버님 옆에 모시면서 70년 만의 해후에 두 분이 모두 감격하시리라 위안을 하면서도 한편으로는 서로 알아보시거나 할까 하는 부질없는 걱정도 했습니다.

무거운 돌문이 닫히는 순간 다음과 같은 저의 소원을 외었습니다.

"아버님. 어머님을 70년 이상 업어 주십시오."라고.

2018. 2.

세월

흰 강아지 한 마리
휘익 골목을 지나갑니다

가을날 노루 꼬리만 한 햇살이
목을 빼고 바라봅니다

이내
햇살도 골목도 보이지 않습니다
모든 것은 그렇게 잠깐이었습니다[6]

---

6) 송문정, 「세월」

한 해의 마감을 며칠 앞두고 얼마 전 어느 지하도에서 보았던 「세월」이란 시구를 다시 한번 꺼내 보고 싶었습니다.

지하철이나 지하도 벽에는 시민 공모 작품 중에서 좋은 시를 선정하여 보행자들이 감상할 수 있도록 걸어 놓았습니다.

그중에는 눈에 띌 만한 작품도 가끔 보입니다. 「세월」이란 시도 지하도에 걸린 시를 무심코 스쳐 지나가다가 몇 발자국 뒤돌아 와 눈으로 낭송을 해 보고 간직하고 싶어 사진을 찍어 둔 것입니다.

내게 지난 정유년 한 해는 그야말로 「세월」에서 말하는 것과 같이 "그렇게 잠깐이었습니다." 그리고 이제 안 받겠다고 발버둥쳐도 어쩔 수 없이 나이 한 살을 떠안게 되었습니다. 며칠 전, 신문 칼럼을 읽다가 눈에 띄는 구절이 있었습니다.

"살아온 날과 살아갈 날을 비교하며……."라는 구절입니다. 나는 그때까지 살아온 날과 살아갈 날을 비교해 볼 생각을 한 적이 없었습니다. 그런데 칼럼을 읽으면서 아! 그런 비교도 있을 수 있겠구나 하는 생각을 하였습니다. 70여 년의 살아온 날과 앞으로 몇 년이 되려는지 알 수 없지만 살아갈 날을 비교하는 것 자체가 무의미할 정도로 균형이 기울어진 지 오래되었습니다. 그래서일까요? 살아온 날의 흔적이 세월이란 파도에 씻겨 희미해지면서 살아갈 날도 그렇게 되지 않을까 하는 걱정에 마음이 조급해질 때가 있기도 합니다.

R 군은 초등 및 중고등학교를 나와 같이 다닌 동기 동창입니다. 내가 이공 계통을 선택한 반면 R 군은 법대에 진학했습니다.

내가 다니던 공대는 지금은 관악 캠퍼스에 통합되었지만 당시에는 태릉 근처의 공릉동에 있었고 법대는 종로구 동숭동으로 만만치 않게 멀리 떨어져 있어 서로 만나 볼 기회가 적었습니다. 졸업 후 그가 시중은행에 입행하여 지방의 지점에 근무하고 있다는 얘기가 들려왔습니다.

그리고 몇 해가 지나 R 군이 다니던 은행을 그만두고 선교사가 되었다는 소식을 친구들 편에 듣고 '웬 뜬금없는 소리야' 하고 내심 믿어지지 않았습니다. 그때까지 내게 투영되었던 그의 성품이나 성격으로 보아 선교사로 변신한 그의 모습이 좀처럼 그려지질 않았습니다. 고시 공부 대신 ROTC를 선택하여 장교로서 군 복무를 마쳤고 사회에 진출하기 위한 준비도 남 못지않게 정성을 쏟은 그였기 때문이어서 더욱 그랬나 봅니다. 그러나 얼마 지나지 않아 그 소문은 사실로 확인이 되었고 벌써 지방에서 선교 업무에 전념하고 있다는 것도 확인이 되었습니다. 시간이 흐르면서 그를 만나 본 친구들의 입을 통해 그가 어떤 계기로 선교사가 되었는지 알게 되었습니다. 입행入行 후 배치된 지방 지점에서 처음 맡은 업무는 입출금 담당으로 창구에 배치되었는데 그때 2인 1조의 젊은 미국인 선교사가 출금 차 자주 은행 창구를 방문하였다고 합니다. 처음에는 창구를 찾는 단순한 입출금 고객으로 대했으나 창구를 자주 찾는 그들을 보면서 이들에게서 영어 회화를 배우고 싶은 생각에 일요일에는 그들의 종교 모임에 나가기 시작했다고 합니다. 그 후 몇 년이 지나지도 않아 R 군은 직장을 정리하고 그 종교 모임에 본격적으로 합류했다고 합니다. 들리는 이야기는 R 군이 몸담은 종교 조직은 눈에 보이는 교회와 전통이 아니라 성서 중심의 신앙생활을 추구하는 기독교 믿음으로 무교회주의라는 것이었습니다.

그리고 많은 시간이 흘러갔으며 그사이 들려오는 소식은 R 군이 여전히 독신으로 전주, 울산, 제주도 등 전국 곳곳을 옮겨 다니며 선교 활동을 하고 있으며 이제는 그 조직의 한국 책임자급에 해당하는 중요한 역할을 하고 있다고 했습니다.

졸업 후 반세기도 더 지난 얼마 전 R 군을 만나 점심을 같이 할 기회가 찾아왔습니다. 평소 R 군과 소식을 이어 오던 동창이 모처럼 서울 나들이를 하는 R 군과 점심 약속을 하고 나를 초대했기 때문이었습니다. 만면에 활짝 웃는 모습으로 우리들이 앉아 있는 좌석을 향해 성큼성큼 걸어오는 R 군은 학생 시절의 얼굴 인상 그대로인데 약간 몸집이 불어 중후한 풍채의 초로의 신사가 되어 있었습니다. 식사하는 동안 학창시절의 이야기부터 군대 생활 중 있었던 에피소드까지 화제는 끝없이 이어졌지만 예상과 달리 그로부터 신앙에 관한 이야기는 나올 기색이 없었습니다. 결국은 성질 급한 내가 R 군에게 무례하고 도발적인 질문을 하고 말았습니다. "지난 반세기란 오랜 기간 동안 자네는 자네의 인생을 송두리째 신앙생활에 투자한 셈인데 그 오랜 시간 동안에 단 한 번이라도 회의懷疑나 후회를 한 적이 없는가?" 막상 조심스럽게 질문을 던졌지만 오랜만에 만난 친구에게 너무 도발적인 질문인 것 같아 미안하기도 했습니다. 그는 즉답 대신 한동안 빤히 내 얼굴을 응시하더니 천천히 대답을 했습니다.

"자네들은 믿기지 않을지 모르지만 난 단 한 번도 회의를 가져 보거나 후회를 한 적이 없었네. 그런 믿음은 아마도 끝까지 변하지 않을 걸세."

그의 대답은 단호했고 그의 표정은 진솔하여 그 이상 어떤 토도 달 필요가 없었습니다. 그 순간 그의 편안하지만 단호한 모습의 얼굴을 바라보며 「큰 바위 얼굴」(나다니엘 호손의 단편)7)의 주인공으로, 내면의 덕성과 진실한 삶에 충실한 '어니스트'가 떠올랐습니다.

평생 동안 현실이라는 거대한 탁류 속에서 허우적거렸던 내가 진정한 신념의 힘과 신앙을 통해 흔들림 없이 살아가는 그에게

---

7) 「큰 바위 얼굴」의 주인공인 어니스트는 어려서부터 바위산을 보고 자랐으며 어머니로부터 전해들은 '언젠가 바위산과 닮은 인물이 등장할 것'이라는 전설을 굳게 믿고 큰 바위 얼굴을 닮은 위대한 인물이 나타나기를 기다리며 살아왔지만 그가 만나본 부자, 장군, 정치인, 시인 등 여러 인물들이 기대에 미치지 못하는 모습에 실망을 거듭합니다. 어느덧 노년기에 접어든 주인공은 평생의 업인 목수일을 자녀들에게 맡긴 뒤 목수일을 은퇴하고 사람들을 깨우치는 설교가가 됩니다. 어니스트는 자신의 삶 속에서 진실함과 자비, 성실함을 실천하며 살아가면서 결국 큰 바위 얼굴을 닮아 갑니다.

세속적인 가치관에 오염된 질문을 던진 것이 부끄럽고 초라한 느낌마저 들었습니다.

신앙에 관한 이야기는 그것으로 끝이었습니다.

R 군의 살아온 날의 흔적은 세월의 풍파에도 씻겨 나가지 않고 건재할 것이며 살아 갈 날의 궤적 또한 변함이 없을 것이었습니다.

그의 인생 행로에 대해 내가 가지고 있던 아쉬움과 세속적인 연민은 사라지고 지금은 경건한 부러움과 경탄이 내 가슴에 가득합니다.

2018. 1.

거만과 겸손

세월이 흘러도 마음 한구석에 남아 있는 친구와의 기억이 있습니다. 그 친구는 고향에서 대학을 졸업한 후 개업하여, 팔순이 넘은 지금까지도 왕성히 활동하는 동창입니다. 우리는 고등학교를 졸업한 지 60년이 넘도록 서로 만난 적도, 별도로 연락한 적도 없었습니다. 다만, 동창 SNS나 친구들의 대화 속에서 간간이 근황을 들을 뿐이었죠.

시골 출신인 우리에게는 서울에 '재경동창회'가, 고향에는 '재광동창회'가 있어 양쪽 모두 활발히 운영되고 있습니다. 두 동창회는 몇 년에 한 번씩 한곳에 모여 친목 행사를 가져 왔는데, 코로나19가 끝난 2년 전에는 서울과 고향의 중간 지점인 전주에 모여 화합 행사를 열었습니다.

그날도 전주에 모인 양 팀은 행사 일정에 따라 몇 곳의 관광지와 박물관을 관람한 후, 대형 음식점에서 늦은 점심을 함께했습니다. 이후 서울팀이 먼저 출발하고, 거리가 가까운 광주팀이 나중에 돌아가는 일정이었습니다.

나는 전주에 사는 동창과 몇 시간을 더 보내기 저녁 마지막 KTX로 귀경할 계획이었기에, 서울행 버스를 타지 않고 광주 팀을 배웅할 수 있었습니다.

바로 여기서, 그날의 일이 평범한 듯 특별한 기억으로 남게 되었습니다.

전주에 살고 있는 동창과 함께 광주행 버스에 승차하는 광주 동창들을 배웅하며 인사를 나누고 있었습니다.

나이 들어 변한 얼굴과 가물가물한 이름을 일치시키느라 애를 먹었지요.

그러던 중 맨 마지막으로 한 친구가 내게 다가와 작별 악수를 하며 이렇게 말했습니다.

"너 학교 다닐 때 매우 거만했어야!"

그리고는 뒤도 돌아보지 않고 버스에 올라 안쪽으로 들어가 버렸습니다.

당시 나는 그 친구의 얼굴과 이름을 일치시킬 수 있어 내심 크게 안도하며, 그의 이름을 크게 외치고 과장 섞인 제스처로 작별 인사를 할 참이었습니다. 그런데 그 말 한마디에 강타를 맞은 듯, 아무 말도 하지 못하고 멀어지는 버스를 바라보고만 있었습니다.

그날 밤, 막차를 타고 서울로 올라오는 동안 친구가 던지고 간 말을 곱씹어 보았습니다.

나는 평소 스스로 거만함과는 거리가 먼 성격이라 생각해 왔습니다. 그런데 혹시, 내가 인식하지 못했던 거만한 본성이 몸 어디인가에 똬리를 틀고 있었던 것은 아니었을까요? 아니면 고등학교 3학년 시절 처음 같은 반이 되어 대학 입시에만 정신이 팔려 주위에 무관심했던 내 모습이 그에게는 거만하게 비쳤던 것은 아닐까요?

그런데 신기하게도, 나는 그 말이 전혀 불쾌하게 느껴지지 않았습니다. 젊은 시절이었다면 얼굴이 붉어지거나 억울한 감정이 먼저 올라왔을 법한데 말입니다. 아마도 팔십 줄에 들어선 지금, 수많은 세월 속에서 나 자신을 여러 번 돌아보며 삶과 사람을 이해하고 포용할 수 있는 나이가 되었기 때문이 아닐까 생각해 봅니다.

또는 그 친구의 말이 지금의 내가 아닌, 오래전의 나를 향한 회상이라는 사실을 금세 알아차렸기 때문인지도 모릅니다. 날선 말이 아니라, 그 시절 기억을 떠올리게 한 친구만의 방식, 그조차도 반갑고 고마운 일이라는 생각이 들었습니다. 그리고 어쩌면 그 친구는 그동안 나를 그렇게 기억해 왔다는 사실을 늦기 전에 한 번쯤 말하고 싶었던 건지도 모르겠습니다.

60년이 넘는 세월이 흐른 지금, 철이 덜 든 젊은 시절의 나를 어렴풋이 돌아볼 수 있는 계기가 되었습니다.

친구의 한마디는 오래된 흑백사진처럼 내 마음속에 아련한 기억으로 남아 있습니다. 마치 유년 시절 매일 함께 뛰놀던 소꿉친구가 멀리 떠나간 것 같은 아쉬움과 그리움이 섞인 감정이랄까요?

우리가 말 한마디 나누지 못했던 시간들이 오히려 더 깊은 의미로 다가오는 것 같습니다.

"친구야, 우리 다음번에 만났을 때는 한마디 휙 던지고 가지 말고, 풋풋했던 우리의 젊은 날을 몇 시간이고 이야기하도록 하세!"

2025. 5.

산문과 메일

재경 청탑회장 취임사

　얼마 전 전임 회장이 몇몇 회원들과 상의한 결과라고 하면서 차기 청탑회[8] 회장으로 추천하기로 했으니 그렇게 알고 1년을 청탑회에 봉사해 달라고 조심스럽게 말을 꺼냈다.

　그러나 나는 흩어지기 쉬운 순수한 동창 모임에서 구성원의 마음을 열정으로 감동시키고 응집시켜 온 총무들이 자동적으로 차기 회장으로서의 리더십을 발휘할 수 있도록 제도를 개선할 필요가 있다고 평소에 생각해 온 터라 전임 회장의 제의를 거절하였는데…….

---

[8]　청탑회: 광주서중, 일고 36회 졸업 동창회 모임

총회 당일 아침 일찍 전임 회장이 다시 전화를 걸어왔다. "어차피 한 번쯤 봉사해야 할 일이니 이번에 한 번 수고해 주게." 하는 호소 아닌 호소에 똑 떨어지게 거절을 하지 못하고 그만 우물쭈물하고 말았다. 아이쿠, 이거 걱정하던 일이 드디어 닥치는구나. 평소에 다른 동창들만큼 동창회 모임에 적극적이지 못했던 데 대한 자격지심에서인지 전임 회장의 당부가 마치 '징벌적 봉사 명령'으로 들린다.

어차피 이렇게 되었으니 더 이상 우물쭈물할 수 없지 않은가? 비틀거리면서라도 걸어는 가야지!

청탑회 여러분.
새해 복 많이 받으시고 행복하시길 기원합니다.
그리고 많이 도와주시기를 바랍니다.

2012. 1.

재경 청탑회장 이임사

　오늘 청탑회 송년의 밤에 참석하여 주신 80여 명의 재경 청탑회 회원 여러분.
　가끔은 '우물쭈물' 하면서 살아가는 것도 그렇게 나쁜 것 만은 아닌 것 같습니다.
　정말로 '우물쭈물' 하다가 '징벌적 봉사 명령'을 받고 재경 청탑회의 심부름을 해 온 지도 벌써 만 1년이 되었습니다.

　여러분에게 솔직히 고백하건대 지난 1년간은 저에게는 매우 행복하고 보람된 기간이었습니다.
　회원 여러분께서는 제가 비틀거리며 가지 않도록 지원과 격려를 아끼시지 않았으며, 또한 모임들이 활성화되도록 자발적으로 기꺼이 참석하여 주셨습니다. 아울러 제가 현직에 있을 때 소홀

이 할 수밖에 없었던 여러 친구들과의 친교도 더욱 돈독히 할 수 있었으니 이보다 더 좋을 수가 있겠습니까?

재경 청탑회 회원 여러분.
이제 중노인이 된 우리, 그렇게도 인정하고 싶지 않아 귀를 틀어 막아도 별수없이 우리는 할아버지 세대가 되었습니다. 여러분 귀소 본능이라는 단어를 아시지요! 어린 시절 까까머리로 만났던 학창 시절의 친구와 그러한 친구들의 모임이야 말로 바로 우리가 찾아서 돌아가야 할 마음의 고향이 아니겠습니까?
새해에도 변함없이 여러분들을 우리들의 마음의 고향인 '청탑회'에서 뵙기를 기원합니다.

2012. 12.

이 원장의 인터뷰 기사를 읽고

 오늘 청산회 등산 중 박은표 총무로부터『동아일보』에 이강남 화백의 인터뷰 기사가 실렸다는 연락을 받았네. 귀가 후 인터넷으로 인터뷰 기사를 읽고 이 화백으로부터 풍겨 나오는 향기를 맡을 수 있어서 아주 좋았다네.

 두보의「곡강시」에 나오는 구절 '인생 칠십 고래희' 고희를 넘어선 우리에게 남아 있는 과제 중 하나는 '곱게 늙은 사람이 되는 것' 그리고 그렇게 기억되는 것이 아닐까? 곱게 늙는 다는 것은 말 같이 쉽지 않은 것일 거야.
 무엇이라고 꼭 집어 말하기는 어려워도 자네의 인터뷰 내용을 읽으며 "아, 이강남이라는 사람, 참 멋있는 사람이네! 저 사람은 오래전부터 노년의 아름다운 삶을 위해서 많은 준비를 했나

보다."라는 부러움과 "내게는 이제부터 이러한 준비가 늦은 것은 아닐까, 아니면 가능하기나 할 것인가?" 하는 아쉬움도 같이 가져 보네.

이달 21일(화) 서울 월례회에 참석하여 자네가 좋아하는 아름다운 시 한 구절 들려주면 어떨까.

2012. 2. 12.
금융연수원장을 지낸 동기 동창 이강남 화백에게

『끝난 사람』

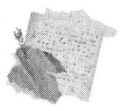

유일용 박사.

마음이 아름다운 그대여!
그대의 그 향기에 세상이 아름다워지리라. (다산茶山의 「노년유정 老年有情」 중에서)

책 한 권 보내오.
새 책으로 보내야 하는데 교보문고 영풍문고 두 곳 다 며칠 기다리라 해서 내가 보던 책을 보내니 양해하시길…….

『끝난 사람』이라는 책인데 우치다테 마키코라는 일본 여류 작가의 소설로, 일본에서는 꽤 많이 팔린 책이야.

깊은 내용은 없고 우리들 나이의 은퇴자들이 낄낄거리며 읽을 정도이니 거창한 기대는 하지 마시길.

그래도 문화권이 비슷한 일본 작가의 작품이어서 더욱 웃음이 나오는데…….

아마도 자네가 거주하고 있는 미국의 정서와는 느낌의 강도가 다르려니.

그래도 여전히 뚝배기 냄새가 짙은 자네는 우리와 크게 다르지 않을 것 같기도 하네만.

첫 문장은 "정년 퇴직이라…… 이건 뭐 생전 장례식이다."[9]로 시작되는데.

회사에 충성을 다하며 출세를 위해 살아왔던 엘리트가 퇴임 후 겪는 갈등을 약간 코믹한 터치로 기술하였는데 문화권이 비슷한 한국인 은퇴자들에게도 마치 자신을 벌거벗겨 놓은 것 같은 충격을 주는 소설이네.

희한한 것은 작가가 시집도 가지 않은 여류 작가인데 어떻게 남자들의 세계를 이리도 리얼하게 묘사할 수 있었는지 궁금할 뿐.

하여튼 나는 일찍이 모든 것을 내려놓는 노력을 해서 소설의 주인과 같은 갈등을 겪지 않아 다행이라는 생각이야!

---

9) 우치다테 마키코, 『끝난 사람』, 한스미디어, 2017

나중에 자네의 독후 촌평을 들어 볼 수 있기를……．

2018. 1. 3.
이정구 배

61 전우회 모임

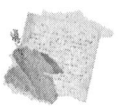

SCENE #1.

열여섯 명의 중노인들이 모인 방.

바닥난 음식 접시와 어울리지 않는 포도주 잔이 어지럽게 놓인 식탁을 가운데 놓고 열여섯 명 모두가 한꺼번에 말을 하고 있다. 불그무레 달아오른 얼굴에 기름기 번득이는 얼굴로 목청을 높이는 사람, 옆 사람의 무릎을 연속으로 두들겨 환기를 시켜 가며 이야기하는 사람, 옆으로 돌아 앉아 마주보며 마치 밀담하는 모양의 사람.

청취자는 한 사람도 없고 화자話者만 있는 이상한 모임이다. 그러나 어느 한 사람도 얼굴에서 짜증스러움이나 지겨운 표정 없이 모두가 정겨운 표정이다.

SCENE #2.

한 병이면 여덟 잔은 나온다는 포도주 네 병이 빈 병이 되어 뒹군 지는 벌써 오래전이고 이제는 맥주와 소주가 섞여 색깔이 맥주 색깔도 아니고 소주 색깔은 더더구나 아닌 이른바 '소맥'도 출현한다. 밥상 위의 반찬 그릇 또한 거의 비어 있어 일견하여 파장罷場이나 다름없는데 어느 누구도 이야기꽃으로 일어날 생각이 없어 보인다.

SCENE #3.

화제의 중심은 당연 '경기도 양주군 노해면 신공덕리'[10]에 관한 추억담이다. 이제는 더 이상 2호관, 3호관, 5호관을 멀리서 바라볼 수도 없이 주위에 빽빽이 들어선 아파트에 대한 섭섭한 감정과 그래도 다음번 만날 때는 그곳에서 만나는 것이 어떠냐는 의견성 압력. 태능 야유회에서의 패싸움 때의 무용담에 이르러서는 클라이맥스에 달한 고조된 분위기.

---

10) 관악 캠퍼스로 옮기기 이전의 서울공대 캠퍼스가 자리했던 지명

위에서 본 세 종류의 스냅은 11월 25일 저녁의 61 전우회[11]의 망년회 모습이었습니다. 중노인의 모습은 헤어질 때까지 볼 수 없었고 아직 20대의 팔팔한 모습만 있었습니다.

새로이 전우회를 맡아 2년간 수고해 주실 오명환(회장)과 이청용(총무) 회원은 내년 모임에는 더욱더 곰살맞은 모임을 준비하기로 하였습니다.

금년 한파는 어느 해보다 세상을 을씨년스럽게 만들 것 같습니다.

내년에 건강한 모습의 여러분들을 뵙게 되기를 바랍니다.

2008. 11. 25.
61 전우회 모임을 마치고

---

11) 61 전우회: 1961년도 서울공대 전기과 입학생 모임

새해 인사
(61 전우회원 2010)

조지 버나드 쇼George Bernard Shaw의 묘비에는 "내, 우물쭈물하다가 이렇게 될 줄 알았지!"라는 우리에게도 잘 알려진 묘비명이 있습니다.

새해 첫날부터 무슨 묘비 운운하느냐 하고 핀잔을 하실 분도 있겠으나 우리의 옛말에도 꿈에 상여를 보면 운수 대길하다고 하니, 일단 불유쾌한 기분은 접으시길 바랍니다.

정말로 우물쭈물하다가 이제 칠순을 코앞에 맞게 되었습니다. 지금까지도 마음만은 '이팔청춘'으로 무엇이고 두려울 게 없는 젊은 피가 용솟음치고 있지만, 칠순이란 마주 앉은 친구의 얼굴에 깊이 패인 주름과 탄력이 떨어진 얼굴에서 필사적으로 받아들이지 않으려던 자신의 자화상을 발견하고, 이제는 어찌할 수 없어 세월의 위력을 체념과 함께 받아들이는 나이이기도 합니다.

    그러나 체념을 하기에는 너무 억울하지 않으세요?
    칠순이 코앞이신 우리의 이청룡 회장께서 새해에도 호랑이와 같이 강건하고 활동적인 한 해를 보내자고 하시니, 더 이상 우물쭈물하지 말고 경인년 한 해를 열심히 살기로 합시다.
    누가 압니까, "The best is yet to come."인지?

    여러분 새해 복 듬뿍 받으세요. 사랑합니다.

Jung-Koo Lee

수채화 개인 전시회

A. 인사 말씀
(제1회 수채화 개인 전시회)[12]

　서울대학교 최고경영자 과정 31기 심이택 회장님과 동기 여러분.
　대우 가족의 모임인 대우인회 김태구 회장님과 회원 여러분.
　㈜대우건설 홍성부, 장영수 회장님을 위시한 역대 사장단 여러분과 현직 대우건설 사장을 대신하여 참석하신 정항기 부사장과 임원 여러분.
　광주서중 일고 36회 졸업생 모임인 청탑회 장석주 회장과 동

---

[12] 2019년 12월 써밋 갤러리(강남구 대치동)에서 열린 본인의 첫 개인 전시회

기 동창 여러분.

우건회 김건희 회장님과 회원 여러분.

그리고 따뜻한 배려와 격려를 주시기 위해 이 자리에 함께해 주신 내빈 여러분께 저의 마음 깊은 곳에서 우러나는 감사의 말씀을 드립니다.

보내 드린 초대장에서도 말씀드렸습니다만 지난 2년 동안 저는 수채화의 매력에 흠뻑 빠졌습니다.

자칫 무료하고 무기력한 일상이 될까 봐 70대 중반에 취미 삼아 처음 잡아 본 붓과 물감 덕분에 2년이란 세월을 가벼운 흥분과 즐거움으로 지낼 수 있었습니다.

시간의 흐름과 함께 그림이 쌓이면서 정리가 필요하던 차에 그동안의 성과를 지인 여러분에게 보여 드리고 싶은 자그만 욕심이 들어 덜컥 전시회를 계획하였습니다.

보시다시피 학예회 수준입니다만 전시회를 핑계 삼아 다과라도 같이 나눌 수 있다면 큰 기쁨일 듯하여 모셨으니 올 한 해의 온갖 괴로움을 잊자는 뜻으로 나누는 가벼운 망년회 모임으로 여겨주시길 부탁드리며 여러분 모두가 건강하고 밝은 새해를 맞으시길 기원합니다.

감사합니다.

2019. 12. 19.

B. 초대 말씀
(제2회 수채화 개인 전시회)

　은퇴 후 저에게 새로운 의미가 된 수채화의 세계를 여러분에게 보여 드린 지 햇수로 벌써 5년이 흘렀습니다.

　지난 전시회에 기울여 주신 격려와 관심으로 그림 공부를 계속하고 있으나 어디까지나 저의 조그마한 즐거움에 머물고만 있어 아쉽기도 합니다. 그럼에도 불구하고 더 늦기 전에 5년의 습작 가운데 몇 점을 골라 전시회를 핑계 삼아 여러분을 다시 뵙고 정담을 나누는 자리로 삼고자 함은 세월이 흐름을 느끼는 노년의 소회로 이해해 주셨으면 합니다. 세모에 정겨운 얼굴과 따뜻한 차 한잔하는 기회가 된다면 더없이 기쁘겠습니다.

2024. 12. 19.

우형주 지음 『성서 이해』

며칠 전 안수명 동문이 『성서의 이해』(우형주 저)라는 책을 보내 왔습니다.

돌이켜 보면 이 책의 저자인 우형주 교수는 반세기도 전 우리가 대학 신입생 시절 전공 과목으로 처음 접한 '전기자기학'을 강의하셨고 중후한 인품에 학과장을 맡고 있어서 가까이 다가가기 어려웠습니다. 눈에 보이지도 않는 자력선이 이렇고 저렇고 하시며 강의에 정력을 쏟으셨지만.

입시 지옥에서 갓 벗어나 해방감에 들뜬 우리 신입생들에게는 우 교수님의 전기자기학 시간이 마냥 즐거웠던 것은 아니었습니다.

교수님은 지난 시간에 강의하신 내용을 다음 강의 시작 이전에 시험을 치게 하였으니……. 고3 시절에도 월말고사로 한 달에 한 번 정도만 본 것 같은데······.

　더욱 곤혹스러운 것은 시험 결과를 성적순으로 복도에 게시까지 하시니 한마디로 죽을 맛이었지요.

　'S 공대' 배지 달고 신촌 입구 어슬렁거리는 어리석음을 아예 막고자 하는 우 교수님의 배려였는지?

　책의 제목이 말해 주는 바와 같이 그 많은 성서 속의 인물들과 사건들의 전개를 선후와, 전후 좌우의 연결이 미로에 빠지자 않도록 연대기적으로 정리하여 성서의 이해에 도움이 많이 될 것으로 보입니다.

　이제 백수를 눈앞에 두신 노교수께서 전기공학과는 한참 거리가 먼 구약, 신약을 연대기적으로 정리 시어 후진들에게 인류 최고最古의 역사이며, 최고最高의 서사시이며 또한 지혜서知慧書인 성서를 이해할 수 있도록 배려하신 큰 뜻에 감사드립니다.

2009. 1.
Jung-Koo Lee

이황재(바오로)의 명복을 빌며

오늘 이황재[13] 군이 우리 곁을 떠났습니다.

건강이 좋지 않다는 얘기는 있었지만 이렇게 빨리 떠날 줄은 미처 예상하지 못했습니다.

가장 아름다운 마음을 가진 신사가 소리 없이 우리의 곁을 떠났다는 게 믿기질 않습니다.

곱게 차려입은 영정 사진은 특유의 맑은 미소와 함께 말을 걸어 올 것만 같은데, 이제는 더 이상 이황재 군의 웃는 모습을 볼 수 없다는 사실이 믿기지 않습니다.

입학 후 첫 '책상 짝꿍'이었던 황재 군은 시골 촌뜨기인 내게는

---

13) 서울공대 입학 동기(61학번)

'서울 깍쟁이'가 아닌 완벽한 서울 신사로서 선망의 대상이었습니다. 졸업 10년 후 직장에서 다시 만나게 되었을 때에도 그는 전혀 변하지 않은 맑고 밝은 미소에 다정한 말씨의 신사였습니다.

   지난달 말 건강이 좋지 않아 연말 모임에 참석하지 못한다는 메일에 용기를 잃지 않기를 바라는 회신을 보낼 때에도 이렇게까지 심각하리라고는 미처 생각이 미치지 않았습니다. 그가 투병 시작과 함께 우리들 모임에 더 이상 얼굴을 볼 수 없게 되면서 길어진 투병 생활에 외로워할 그에게 도종환 시인의「폐허 이후」라는 시를 보낸 것이 그리 오래되지도 않았는데…….
   이황재 군은 가까이 있을 때 사랑을 받고 그리고 그가 떠난 뒤에 그 빈자리가 더욱 커 보이는 우리의 친구로서 오랫동안 기억될 것입니다.

   이황재(바오로)의 영혼에 하느님의 따뜻한 손길이 있으시기를 기원합니다.

2007. 12. 16.

고 이황재 회원의 두 아드님께

평소의 고인은 모든 사람들에게 존경과 사랑을 함께 받았고, 바르고 따뜻한 마음은 주위를 항상 훈훈하게 만드는 선비와 같은 기품과 인격의 인물이었습니다.

우리 모두는 고인이 비운 자리가 매우 커서 쉽사리 메워지지 않으리라는 것을 알고 있습니다. 하물며 유족 여러분께서 갖는 공허함은 이루 말할 수 없을 것입니다.

두 분 자제분의 글로부터 우리 전우회 회원은 도리어 마음 든든함을 느끼며, 홀로 남으신 어머님께서도 이렇게 의젓이 자란 두 아드님으로부터 큰 힘과 위안을 받으시리라 믿습니다.

전우회 회원 모두는 앞으로도 어머님께서 옛날과 같이 우리의 모임에 항상 같이하여 주시기를 바라고 있습니다
다시 한번 위로의 말씀을 드립니다.

어머님 보십시오 1

오늘 어머니를 모시고 간 곳은 '서울시 강남구 노인 복지관 데이케어센터'라는 곳으로, 정부에서 강남구에 거주하시는 어르신들이 노후에 집에서 홀로 계시며 외롭게 지내시지 않도록 세운 기관입니다.

여기는 부양가족이 없는 분들이나 무의탁 노인들을 모시는 양로원이 아니고 월요일부터 금요일까지 낮 동안 어르신들이 모여 놀이도 하고 친구들도 사귀며 저녁에는 귀가하시도록 정부가 지원하는 곳입니다. 거기에 오시는 모든 분들이 든든한 부양가족이 있고 학식도 풍부한 분들입니다. 삼성병원 의사도 어머니께서 복지관 같은 곳에 매일 나가셔서 사람들과 사귀지 않고 계속 집에만 계시면 얼마 지나지 않아 치매가 올 수 있고 그렇게 되면 바로 오랫동안 요양병원에 입원할 수밖에 없게 된다면서 강력히

권하고 있습니다.

다시 말씀 드리지만 복지관은 의탁가족이 없어 가는 양로원이 아닙니다. 그리고 복지관에 입소하고자 하는 사람들이 줄을 서서 기다리고 있습니다. 만일 어머니께서 가지 않겠다고 하시면 기다리던 사람들 차례가 되어 이제는 기회를 잃게 될 것입니다.

어머니께서는 공부도 많이 하셨고 직장 생활도 오래 하셔서 치매가 얼마나 무서운 것인지 알고 계실 것입니다.

집에만 계시면 얼마 가지 않아서 치매가 찾아올 수도 있습니다. 부디 아들과 며느리의 진심 어린 마음을 이해하시고 복지관에 낮 동안 나가셔서 친구들과 생활하십시오.

일과가 끝날 때에 항상 제가 모시러 갈 것입니다.

아들과 며느리가 어머님께 부탁드립니다.

2014년, 당신의 딸과 며느리가 모시고 데이케어센터에 가서 보셨으나 어머니는 거기에 계신 분들이 당신과 말 상대가 되지 않는다고 등록하는 것을 완강히 거절했다. 마지막으로 아들인 내가 데이케어센터에 모시고 가기 전에 글로 써서 설득을 드린 내용이다. 아들의 간곡한 부탁으로 한 주 정도 나가셨는데 결국은 실패하였다.

어머님 보십시오 2

　오늘로 어머니께서 아들과 며느리의 간곡한 부탁에 따라 강남 노인 복지관에 나가신 지 사흘째가 되었습니다.
　어머니께서 복지관에 나가셔서 친구들과 사귀고 말동무들과 어울리시는 게 얼마나 다행스러운 일인지 모르겠습니다.
　어머니께서 집에만 계실 때에는 혹시나 어머니에게 무슨 사고가 있을까 봐, 또는 불시에 집을 혼자 나가실까 봐 한시도 마음을 놓지 못하고 집안 식구들 모두가 긴장된 시간을 보내게 되고 저도 밖에 약속이 있어도 선뜻 약속을 할 수 없을 때가 적지 않았습니다. 아마도 의사 선생께서도 매우 반가워하실 것입니다.

　어머니께서 너무도 잘 알고 계시고 학생들에게 항상 가르치셨겠지만 복지관의 모임도 어느 조직 생활이나 다름없이 여러 사람이 모여 생활을 하므로 나름대로의 규율과 에티켓이 있습니다. 무엇보다 상대를 배려하여야 합니다.

사회에서 어떠한 직위에 있었던 집안이 얼마나 부자였던 얼마나 학식이 높았던 그것은 전혀 의미가 없는 일입니다.

그 많은 인구 중에서 서로 만나 얼굴을 맞대고 생활을 하게 되었다는 것만으로도 대단히 특별한 인연이 있음을 감사하게 생각해야 합니다.

학생들 중에서도 학급에서 제 잘난 체하고 친구들을 무시하거나 친구들과 어울리지 못하고 겸손하지 못한 학생을 보았을 때 어머니 성격으로 가만히 넘어가지 않으셨을 것입니다. 아무리 똑똑하고 머리 좋은 학생이라 할지라도 학급 분위기를 해치면 더 이상 학교 생활이 어려운 것은 어머니께서 더 잘 알고 계시지 않습니까? 복지관에서도 마찬가지입니다.

모두에게 친절하고 겸손하고 상냥한 자세가 절대로 필요합니다.

어머니를 모시고 길을 걸을 때 걱정스러워 어머니 손을 잡거나 부축을 하면 냉정히 뿌리치시는 것은 아들이나 며느리 입장에서도 호의를 무시하는 것에 불쾌한 느낌을 갖게 될 수 있습니다. 하물며 복지관 직원이 어머니 화장실에 가실 때 부축하면 매정히 손을 뿌리치는 것에 모멸감을 느낄 수 있다는 것을 아셔야 합니다. 아무리 착한 사람이라도 호의를 걷어차일 때는 지울 수 없는 모멸감을 느끼게 되어 있습니다.

"종일 천정만 쳐다보며 살자니 미치겠다." 하시던 말씀이 귀에 생생합니다.

복지관에 못 나가시게 되면 또다시 그러한 생활이 될 것이 두렵습니다.

부디 모든 사람이 어머니에게는 대단한 인연이 있는 사람들이라는 것을 이해하시고 내일부터는 더욱 겸손하고 친절하게 친구들과 직원들을 대해 주시기 바랍니다.

아들과 며느리가 부탁드립니다.

2014.
(어머님 96세 때)

『매일경제』 이경준 변호사님 칼럼 기고

출발이 좋구나.

내용이 해당 분야에 종사하지 않는 사람에게는 이해가 쉽지 않겠지만 나름대로 설득력도 있고 중언부언하지 않은 점도 첫 기고문으로서는 합격인 셈이다.

첫술에 배부를 수는 없지만 기회 있을 때마다 이러한 기고를 통해서 관련 분야에 종사하는 관계자들에게 너를 인식시키는 노력을 하기 바란다.

Jung-Koo Lee

『매일경제』에 게재된 큰아이(경준)의 기고문을 읽고 큰아이에게 보낸 축하 메일.

둘째에게

형준에게.

이곳은 함부르크로부터 약 두 시간 정도 떨어진 아주 적은 마을이다.

회의 차 이곳에 와서 벌써 3일째인데 이제 날이 새면 함부르크로 돌아가서 또 다른 회의에 참석하려고 한다.

이곳은 시골 도시이지만 나름대로 실력 있는 좋은 회사들이 많이 자리 잡고 있는 것 같다. 우리나라와 같이 크고 직원 수도 많고 회사 건물도 큼지막한 회사들이 위세를 떨치는 것과는 달리 몇 명의 적은 직원이지만 실력이 있고 아이디어가 좋은 소수의 사람들이 만든 벤처 기업도 세계적인 회사로 명성을 날리기도 한다.

아버지가 만나고 있는 이 회사도 열 명도 되지 않는 직원들이지만 해상풍력이라는 특수 분야의 설계에 명성을 날리고, 그래서 비록 시골의 한적한 적은 개인 집 같은 건물이지만 장사가 잘 되는 것이 아닌가 한다.

이제 세상은 많이 바뀌어 자본보다는 좋은 아이디어와 실력이 있으면 자본은 찾아오게 되어 있는 시대가 되었다. 네가 일하고 있는 회사도 아주 전망이 있고 실력도 있는 좋은 회사이었는데 경영에 미숙한 탓에 어려움을 겪고 있지 않나 하고 추측이 되는구나.

어려운 회사 형편으로 너도 마음이 편치 않을 것으로 보이나 너무 예민하게 생각하지 않기를 바란다.

지난 기간 동안 너에겐 어렵고 힘든 사회생활이 있었지만 이 모두가 미래를 위한 시련으로 생각하고 잘 헤쳐 나간 너에게 항상 고맙게 생각하고 있다.

지금의 상황도 그렇지만 지금까지 잘해 왔듯이 반드시 이겨 내리라 믿는다.

결혼 전과는 달리 너에게는 보호막이 되어 주고 있는 유진이가 있지 않느냐.

아버지도 항상 너의 처에게 고마워하고 있단다. 또한 너에게는 믿음이라는 소중한 정신적 지주가 있으니 밝고 명랑함을 잊지 말기를 바란다.

또한 너의 건강은 이제는 너의 문제만이 아닌 이형준 가족의 가장 중요한 부분이 되었다. 가장이 건강을 잃었을 때 그 가정이 어떻게 세상 풍파를 헤쳐 나갈 수 있겠는가?

하루라도 미루지 말고 체중 줄이기를 시작해야 하지 않을까? 결코 도모하지 않는 자에게 과실은 돌아가지 않는 법이다.

아버지는 이 나이에도 새로운 도전을 하고 있지 않느냐?

다음 주에 돌아가는데 유진이가 만든 케이크를 먹을 기회가 있기를 바란다.

둘째 형준이가 근무하고 있는 IT 관련 회사의 어려운 경영에 걱정이 되어서 보낸 메일.

당신에게

보내 준 스웨터는 잘 받았소.

정성이 듬뿍 들어 있는 선물을 받고 어린애처럼 싱글거려 현지 이란 직원들의 놀림을 받았소. 이런 놀림이라면 자주 받아도 손해 볼 것은 아니지 않은가 하는 생각이오.

지난 82년도 보스턴에 공부하러 갔었던 때를 제외하고는 가장 오랫동안 가족들과 떨어져 있는 셈이오.

이 나라에서 수주를 추진하던 프로젝트 중 하나는 전쟁 중인 이 나라의 어려운 재정 때문에 시간이 더 필요할 것으로 보이고 다음 프로젝트는 현재 네고 중인데 가격 협상에 곤욕을 치르고 있는 중이오. 전쟁이 끝난 후 이 나라의 잠재력으로 보아 이번 프로젝트의 수주가 연고권 확보 차원에서도 의미가 있을 것으로 보아 수주가 되었으면 하는 바램이오.

보내 준 사진으로 보아 우리 아이들이 별탈 없이 씩씩하고 명랑하게 자라고 있으니 당신에게 감사할 뿐이오. 남자아이 하나 키우기도 만만치 않다는데 하물며 아빠가 자리를 비운 동안 개구쟁이 셋을 한꺼번에 돌보는 게 얼마나 힘들지 추측하기도 쉽지 않소. 아이들이 하루하루가 다르게 성장하니 현재의 불편하고 좁은 집에서 탈출하기 위한 계획을 세워야 할 것 같소. 특히 추운 겨울 한밤중에 연탄을 갈아야 하는 불편을 감수하고 있는 당신에게 그지없이 미안한 일이오. 귀국 후 이 문제를 상의하도록 합시다.

지난달 나의 생일 때 이곳 직원들이 조촐한 생일 잔치를 준비해 주어 그때 찍은 사진을 동봉하오. 사진에서 보듯이 건강하게 지내고 있으니 걱정하지 마시고 어머님께서 걱정하지 않으시도록 말씀 잘 드려 주시오.

최근 애들 사진이 있으면 몇 장 보내 주시오.

1983.

전쟁 중인 이란의 수도에 장기 출장 중 아내에게 보낸 편지.

큰아이의 영세받음을 축하하며

경준 내외에게.

오늘 너희 내외가 영세를 받는 날이 되었구나.
멀리서나마 진심으로 축하를 한다.
이제 우리 집안은 어떻든 모두 종교인이 되었나 보다.
개신교가 되었든 구교가 되었든 그것은 그렇게 중요한 문제는 아닌 것으로 생각한다.
아버지는 너희가 건실한 신앙생활을 하는 것은 대환영이지만, 몰입하는 것은 아직은 찬성하지 않는 편이다.
적당한 시기에 해민이도 성당에 데리고 가 보도록 하자.

막내의 인턴십

막내에게.

진로에 대한 고민이 많을 것으로 생각이 되는구나.

우선 아버지가 하고 있는 일은 북해에 대단위 풍력발전단지를 건설하여 독일 전력 회사에 전력을 판매하는 사업이다.

모든 전력 사업이 마찬가지이지만 이 프로젝트도 예외 없이 사업을 시작하기 이전에 독일 정부의 우대 전력 요금 지급 보증을 근거로 사업의 타당성 검토를 통해 사업을 추진하는 일종의 개발 사업에 해당하는 셈이다.

그러니까 이러한 프로젝트는 일상적인 의미의 마케팅이 없다고 할 수 있단다.

이러한 점이 네가 앞으로 진출 하고자 하는 방향과는 약간의 거리가 있는 셈이다.

이미 사업 허가는 독일 정부로부터 받았고 현재는 설계와 기자재 공급 계약 등을 준비하고 있으며 아울러 프로젝트 파이낸싱을 추진 중이다.
워낙 소요 자금이 막대한 대형 사업이라서 많은 외국 회사의 참여가 필수적이며 한편으로는 독일 정부를 상대로 한 행정업무 또한 많을 것으로 예상을 하고 있다.

아버지 생각으로는 네가 공부하고 있는 분야하고는 약간의 거리가 있으므로 우선 그 곳에서 방향이 같은 분야를 더 시도해 보고 여의치 않으면 이 곳에서 경험을 하는 것도 하나의 방안이 될 터이니 그렇게 알고 심사숙고하여 판단하기를 바란다.
혹시 알고 싶은 것이 있으면 망설이지 말고 상의하여라.

아버지가.

미국에서 MBA 과정 중인 막내 용준이가 여름 방학 동안 인턴으로 당시 내가 근무중인 독일 풍력발전사업(sand-bank 24 Wind Power PJ)에 참가하고자 문의한 메일에 대한 회신.

출산을 앞둔 막내 내외에게

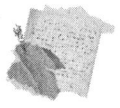

용준 내외에게.

이제 출산도 얼마 남지 않아 기대와 걱정이 함께 할 것으로 생각된다.

네가 보낸 도담이의 이름들은 그런대로 의미와 너의 내외의 생각이 있을 것으로 보인다. 아버지는 아무래도 첫 손자인 만큼 순수한 한글보다는 전통적으로 사용하던 한자 이름이 어떨까 한다.

앞으로 도담이가 성년이 되었을 때에는 중국이 대국이 되어 있을 것이며 서로 교환하는 명함에도 아무래도 한문이 표기가 가능하면 어떨까 한다.

그중 지웅이가 그럴듯한데 '지혜 지'와 '뜻 지' 중 어느 것이 더 좋을지 모르겠다.

며칠 후면 도담이 외할아버지가 오실 터이니 상의해 보면 어떨까?

오늘 어머니와 같이 은행에 가서 도담이의 출산에 쓰도록 송금하였다.

충분하지 않겠지만 출산 비용에 보태 쓰도록 하여라.

『우리 아기 이름 짓기』라는 책을 작은형이 사서 너에게 보내니 한번 읽어 보고…….

GYBM 과정 입소 환영사

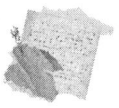

차세대 글로벌 비즈니스 리더로 성장하고자 오늘 이곳 글로벌 인재 양성 센터에 입소하신 멘티 여러분께 40명 멘토를 대표하여 축하와 환영의 인사를 드립니다.

GYBM[14]의 꿈을 실현하기 위한 첫 발을 내딛는 멘티 여러분에게 한 가지 평범하지만 의미 있는 당부를 드리고자 합니다.

여러분은 혈기 왕성한 젊은이들입니다. 그래서 젊은이들만이 누릴 수 있는 특권을 가지고 있습니다. 바로 '순수한 용기'입니다. 세파에 휘둘려 모서리가 마모된 기성세대에게서는 찾을 수

---

14) 'Global Young Business Manager'의 약자로 대우세계경영연구회에서 2011년부터 대한민국 청년을 대상으로 시행하는 글로벌 청년 사업가 양성 과정 (일명 '김우중 사관학교')

없는 순수한 용기를 여러분은 가지고 있습니다.

　특히 여러분은 남다른 '도전 정신'을 가지고 이 자리를 스스로 찾으셨습니다. 이제 젊은이의 '용기'와 남다른 '도전 정신으로 무장한 멘티 여러분들. 실패를 두려워하지 않는 용기와 결코 포기란 있을 수 없다는 강인한 도전 정신으로 GYBM의 과정에 임하신다면 오늘 이 자리가 훗날 멘티 여러분에게 더할 나위 없이 소중한 날로 기억 될 것 입니다.

　우리 멘토 40명은 멘티 여러분의 도전에 마중물이 되도록 멘토 역할을 충실히 할 것을 다짐합니다.
　감사합니다.

2017. 8. 13.
이정구

베트남 7기 출정 격려사

지난 7주간 '차세대 글로벌 비즈니스 리더 양성 과정' 중 제1단계인 국내 교육을 마치고 제2 단계인 베트남 현지 교육 이수를 위해 오늘 이곳 출정식에 참석하신 96명 멘티 여러분께 성공적인 국내 교육 이수를 축하 드립니다.

아울러 7주간의 강도 높은 수련에도 불구하고 베트남 현지 출정에 임하는 여러분의 밝고 열정이 가득한 모습에 기쁜 마음 그지없습니다.

1단계 교육이 GYBM 과정의 입문이라면 여러분을 기다리고 있는 베트남에서의 현지 교육은 여러분이 글로벌 비즈니스 리더로 성장하는 데 핵심적이고 필수 불가결한 동력원이 될 것이며 여러분의 꿈과 비전을 꽃피울 밑알 역할을 하게 될 것입니다.

멘티 여러분.

오늘 이 출정식을 계기로 입소식 때 당부드렸던 실패를 두려워하지 않는 용기와 결코 포기란 있을 수 없다는 강인한 도전 정신으로 다시 한번 마음의 무장을 하시기 바랍니다. 그리하여 현지 교육이 끝나는 시점에 96명 전원이 당당한 '김우중 사관학교 베트남 7기 졸업생'으로 임관하시길 기대합니다.

감사합니다.

2017. 9. 29.

L 형에게

저녁 모임에서 한잔하고 집에 돌아오니 벌써 밤이 많이 깊었습니다.

다른 때 같으면 오늘같이 한잔하고 집에 늦게 돌아올 때는 손발 씻고 잠자리에 드는 게 오래된 습관입니다. 그런데 오늘은 세면 후 바로 2층 서재로 올라왔습니다. 오늘 점심 모임에서 L 형과 C 형으로부터 받은 수필을 읽어 보고 싶었기 때문입니다.

저녁 모임에 나가기 전까지 시간이 있었음에도 읽지 않고 미뤄 둔 것은 밤 깊은 시간 조용한 분위기에서 글은 읽는 즐거움이 만만치 않기 때문입니다. 특히 이 글들이 가까운 친구들이 쓴 수필이니 더 더욱 이에 어울리는 좋은 분위기를 찾는 것은 당연하지요.

제일 먼저 손에 짚인 글은 L 형이 몸담았던 직장의 동우회지에 기고했던 세 쪽짜리 짧은 글로 「설거지」라는 수필이었습니다.

"설거지를 한다. 아직 서툰 솜씨지만 하다 보니 나름대로 작은 요령도 생기는 것 같다."로 시작하는데 설거지에 대한 요령을 설명하는 것도 아니요, 그렇다고 부인의 가사에 일조하는 남편의 마음의 자세를 설파하는 것은 더더구나 아니었습니다.

여행에 관한 이야기였지요. 그것도 다소 생소한 '마음의 여행'을.

마음의 여행이란 무엇일까요? 여행하면 당연히 여행 목적지부터 생각하는 '공간의 여행'을 말하는 것인데 이 수필에서 L 형이 말하는 여행은 지금 머무르고 있는 '여기'가 여행 목적지이며 '여기'라는 여행 목적지에서 머물며 지각知覺하고 느끼는 '시간 여행'을 해 보라는 내용이었습니다.

몇 해 전 L 형으로부터 "심심풀이로 써 본 것이니 한번 읽어나 보시라."라고 하며 보내 준 자신의 수필집 한 권을 받았습니다.

『나를 기다리는 설렘』이라는 양장본으로 황토색의 물 위에 잔잔히 흔들리는 기둥의 그림자 사진을 표지로 선택한 것부터가 작가의 범상치 않은 미적 감각을 말해 주는 듯 우아한 느낌이었습니다. L 형의 수필은 한 번 읽고서 내려 놓기에는 뭔가 부족한 듯한 여운이 남아 있기도 하였습니다. 하지만 간결하고 명료한 기승전결에 익숙한 이공계 출신인 저는 책을 두 번씩 읽어 본 적이 없었던 성격상 이 책을 한 번 읽은 후 그냥 책장에 꽂아 넣어 두었습니다. 그런데 3년 반이 지난 오늘 이 책을 다시 꺼내서 천천히 읽기 시작한 것입니다. 마치 선禪을 수행하는 불자佛者의 자세로 시간과의 여행을 시작한 것 입니다.

지난 3년 반 동안 저에게도 나름대로의 발전이 있었습니다. 난생처음으로 글을 써서 책으로 출간을 한 것입니다. 그리고 오랫동안 목말라했던 인문학 공부를 이곳저곳 다니면서 얻어듣기 시작하면서 진즉 이런 세상을 알지 못하고 지냈던 아쉬움을 만회라도 하려는 듯 부지런히 발품을 팔고 있습니다. 이런 과정에서 수필에 대한 약간의 지식을 터득한 것이 있습니다. 수필집이란 소설같이 몰입하여 하룻밤 사이에 독파해 버리는 유의 책이 아니라는 것을, 그리고 목차에 있는 제목의 글을 하루에 하나씩 읽더라도 저자와 같이 '시간 여행'을 해야 하는 것을. 그리하여 행간에 숨은 삶의 고뇌와 환희를 음미하며 느끼고 즐길 수 있어야 한다는 것을.

그런 의미에서 L 형의 『나를 기다리는 설렘』은 아주 제격이었습니다. 수필 하나하나가 한 번 더 읽었을 때에 새삼스럽게 스며 나오는 은은한 향기가 남달랐기 때문입니다. 저자의 인격에서 그리고 인생관에서 풍기는 은은한 향기 말입니다. 기승전결과 극적 반전으로 독자의 흥미를 돋우는 기교보다는 독자로 하여금

스스로 작가와 같이 시간 여행을 떠나고 싶은 동기를 부여한 L형에게 고마운 마음을 전합니다.

2017. 11.

『떠난 뒤 그 빈자리가 느껴질 수 있다면』 머리말

'창조, 도전, 희생'.

젊은이의 가슴을 울렁이게 하는 짧은 이 세 단어는 30년 간 나의 일터이던 대우그룹의 사훈社訓이었다.

역동적이고 아름답기까지 한 이 사훈에 이끌려 30대 초반 대우 가족의 일원이 된 나는 환갑이 넘어 회사를 떠날 때까지 이 일터에서 일을 했다.

대우는 도전 없는 안주를 터부시했고, 실패를 두려워하기보다는 그걸 밑거름으로 다시 도전하라고 독려하는 기업 문화를 가진 일터였다. 그리고 스스로 해 보라는 재량권을 주어 창조적으로 뛸 수 있도록 판을 벌여 주는 믿음이 있는 직장이었다. 나는 이렇게 훌륭한 기업 문화가 자리 잡은 일터에서 젊은 열정을 불태우며 개발 시대의 일원으로 대열에 참여할 수 있었던 행운아였다.

그렇게 역동적이고 찬란했던 '대우그룹'이 30여 년의 짧은 자취를 남기고 해체되어 뿔뿔이 흩어진 지 15년이 훌쩍 넘었다. 한때는 오대양 육대주를 내 집 삼아 세계로 뻗었던 대우, '코리아'는 잘 알지 못해도 '대우'는 알고 있다던 지구 반대편 나라 사람들. 대우의 로고가 찍힌 작업모를 쓰고 자랑스러워하던 현지인의 모습. 이제는 더 이상 볼 수가 없게 된 아쉬움들이다. 그래서인지 이제는 사라져 가는 대우의 자취를 무력한 눈빛으로 지켜보곤 한다.

해체 후 분리된 대우건설에서 기업 회생 작업을 마치고 회사를 떠난 지도 벌써 10여 년이 되었다. 은퇴 후 시간에 여유가 생기면서 새삼스럽게 느끼게 된 것은 내게도 무용담 삼아 가까운 친구들이나 후배들에게 들려주고 싶은 작은 이야깃거리가 있다는 것이다. 그런데 이들도 사라져 가는 대우의 자취와 같이 나의 기억에서 사라질 것이라는 데 생각이 미치자 갑자기 마음이 바빠졌다.

하잘것없는 이야깃거리라 할지라도 기억에서 사라지기 전에, 그리고 머릿속에 맴돌던 기억들이 자칫 픽션과 뒤섞이기 전에 기록을 시작해야 했다. 머리가 맑아지는 밤늦은 시간에 조금씩 적어 보기로 했다. 그리고 2년이 흘렀다. 그간 '공돌이'의 서툰 글솜씨에 몇 번이고 그만둘 뻔했다. 가까스로 책 한 권 분량의 원고가 되자 다람쥐 쳇바퀴 돌듯 그 자리에서 맴돌고 있다. 이제 더 이상 미루지 않고 기록해 왔던 글을 정리하기로 했다.

2016. 3.
늙은 감나무가 내려다보이는 2층 서재에서

산문과 메일

『떠난 뒤 그 빈자리가 느껴질 수 있다면』
맺음말

　2003년 12월 남상국 사장과 나는 대우건설에서 퇴임을 했다. 1999년 1월 사장에 취임하여 만 5년의 짧지 않은 기간 동안 주인 의식 하나로 '회사 살리기'에 매달렸던 우리에게 이제 그 무거운 짐을 내려놓을 시간이 찾아온 것이다. 채권단과 약정한 5년 기한의 기업 구조 개선 작업(일명 워크아웃)은 약정보다 9개월 앞당겨 마무리되어, 회사는 기업 개선 작업에 성공한 것이다. 퇴임식장에 들어서는 우리는 이제 정상적인 지위를 회복한 회사를 후배들에게 되돌려 줄 수 있게 되었다는 자부심과, 젊음을 송두리째 바쳤던 일터를 떠나야 하는 아쉬움이 함께 한 자리였다.

　그리고 1년의 상담역相談役 생활이 시작되었다.
　갑자기 찾아온 여유로운 시간이 도리어 주체스러워질 무렵 지난 몇 년 동안 미루적거리며 버텨 온 건강상의 문제가 터졌다. 협심증으로 우회 수술을 해야 한다는 의사의 통첩이었다. 몇 해 전 이런 증상을 발견한 의사는 세밀한 검사를 위해 며칠간 입원하기를 권했으나 그때는 회사 형편상 며칠씩 비울 수 없어서 미루다 보니 몇 년이 훌쩍 지나 버린 것이다. 2004년 3월 첫 주 초에 수술을 받고 주말에 퇴원하였다.

내가 퇴원하여 집에서 요양을 시작하지 닷새째 되는 날 오후 남 사장이 투신했다는 비통한 소식을 비서가 알려 왔다.

세상 살다 보면 믿기지 않는 일들이 간혹 생기기 마련이라는데 바로 이런 경우를 두고 말하는 것이 아닐까?

흉부 보호대로 가슴을 조이고 남 사장이 투신했다는 한강 현장에 나갔다. 3월 초의 차갑고 검푸른 강 물결을 보고서야 이 비감悲感한 소식이 비로소 현실이라는 실감이 났다.

지난 5년 동안 얼굴 한 번 서로 붉히지 않고 회사를 이끌어 왔던 우리가 아닌가? 누가 뭐래도 남사장은 파산 상태의 회사를 정상화시킨 주역이었는데 어떻게 회사 일로 이런 일이 일어날 수 있단 말인가?

내가 수술받으러 떠날 때 수술 후 건강한 모습으로 만나자던 남 사장 아니던가? 그런데 그로부터 열흘이 지나기도 전에 이제는 다시 만날 수 없게 되다니……

한동안 세상 모든 일이 허무하게만 생각되었다. 수술로 인한 심리적 위축도 여기에 한 몫을 더한 것이다. 불현듯 텔레비전에서 보았던 시골 생활이 생각이 났다. 농촌 생활을 해 본 적은 없었지만 막연하게나마 호감은 가지고 있었던 터이었다.

맑고 깨끗한 공기와 적당한 정도의 노동이라면 정신 건강에도 좋고 수술 후 회복에도 도움이 될 성싶었다.

우선 그럴 만한 곳을 찾는 일이 먼저다. 처음엔 서울에서 멀지 않은 경기도 지역을 찾아다녔다.

하지만 땅값이 나의 예상을 뛰어넘어 경기도에서 찾는 것을 포기했다.

차츰 멀리까지 찾아 나서다 보니 마지막엔 영월까지 가게 되었다. 지금은 교통이 발달한 세상이니까 영월이지 옛날엔 한양 땅에 다시 들를 생각일랑 하지 말라고 보낸 곳이 그곳 아닌가?

강원도 영월군 수주면 운학리雲鶴里!

우선 마을 이름이 너무나 시적이다. 마을 뒷산 이름이 운학산으로 구름과 학이 벗 삼아 노는 마을이라는 의미일 것이다.

그런대로 경치가 괜찮아 산 중턱에 자리 잡은 농가 주택을 덥석 사들였다. 내가 회사에서 사용하던 책상과 의자도 회사에서 기념으로 받아 운학으로 옮겨 작은 서재를 꾸렸다. 평소 시간에 쫓겨 읽지 못하고 쌓아 놓았던 책들도 이곳으로 옮겨 놓았다.

이제 연말이 얼마 남지 않았는데 그때가 되면 바로 운학으로 내려갈 요량으로 준비를 한 것이다.

　새해가 되었다. 이제 회사에 더 이상 출근하지 않아도 되는데, 그냥 서울에 죽치고 남아 있었다. 지금은 추운 겨울이라 산골에 가서 할 일이 없다는 핑계로…….
　그사이 건강은 꾸준히 좋아져 수술 이전보다 느낌이 훨씬 나아졌다. 매일 만 보 이상 빠른 걷기를 계속한 것이 도움이 되었으리라.
　이러는 사이 얼마 전에 중견 건설 업체를 인수한 후배가 이 회사의 운영을 부탁해 왔다. 후배의 제의를 받아들이면서 스스로 의아스러운 생각이 들었다. 지난 1년 동안 운학으로 옮겨가기 위한 준비를 열심히 해 왔는데, 후배의 제의를 받고 주저 없이 받아들인 것은 어떤 사유인지? 그것은 아마도 남사장으로 인한 충격이 시간과 함께 많이 희석되고 내 건강이 좋아지면서 일을 더 하고 싶은 욕심이 일어난 것이 아닐까?

　㈜한양漢陽에서 3년의 임기를 마치고 나니 이미 60대 후반이 되었다. 이제는 더 이상 일 욕심을 부릴 나이가 아닌 것 같다.
　마음은 아직 의욕에 차 있지만 그것은 내 생각일 뿐 잘못하면 노추老醜라는 말을 듣기 십상인 것 같다.

　지난 몇 년 동안 조금씩 산골 벽지僻地 생활에 대비해 몇 가지 준비를 해 왔다.

　특별한 것이 아니고 산골 생활 중에도 혼자서 할 수 있는 취미를 찾아 어느 정도 수준을 올려 놓는 것이다.

　여러 취미 중에서 서예만큼 산골 생활에 어울리는 취미도 없을 것 같다. 몇 년 동안 배웠는데 아직까지 국전 입선을 해 보지 못한 수준이기는 하나 나름대로 혼자서 즐길 수 있으니 그것으로 만족이다. 클래식 기타, 이것도 만만치 않은 것이다.

　시작한 지 4년이 되었는데 아직도 박자 맞추기에 땀깨나 흘려야 된다. 요사이 하나를 더 시작했다.

　연필 스케치다. 산골에서 세 가지 취미 정도라면 심심치 않게 지낼 수 있을 것 같다. 젊은이들만큼 진도가 빠른 것은 아니지만 중도 포기는 하지 않을 셈이다.

　문제는 얼마 동안 이 핑계 저 핑계를 만들어 서울에 남아 있으려고 할는지 모른다는 것이지만…….

2016. 9.

설날

경준, 형준, 용준 내외에게.

이제 하루만 지나면 설날이 오는구나. 우리 모두가 서울에 있을 때에는 설날이면 북적거리고 활기가 집 안에 넘쳤는데 가족이 모두 뿔뿔이 흩어져 있다 보니 어찌된 영문인지 평소와는 다른 스산한 느낌의 설날을 맞이하는 것 같구나.

더구나 설날이면 조상님께 드리는 설 상마저 나의 출국으로 신정에 미리 차려 드리고 막상 설날에 이국의 호텔에서 혼자 있다 보니 이번 설(구정)은 명절이 아닌 그야말로 평범한 하루일 뿐이다.

이곳 함부르크는 오래된 도시인데 중세에는 부유해진 상인들이 결성한 한자 동맹의 발원지로, 현재는 독일 수출 물량의 거의 대부분이 이곳을 통해 나가고 있다. 따라서 해운업이 발달한 이곳이지만 그래도 예외 없이 경기 침체의 영향은 곳곳에서 볼 수 있단다. 이곳도 금년은 이상 기후의 영향으로 지난 1월에는 한때 60년 만에 처음으로 영하 22도까지 떨어지는 추위도 있었다고 한다.

아버지는 이번 출장 시 약간의 감기 기운이 있었는데 도착 후 며칠간 고생했으나 지금은 거의 나았다.

그래서 오늘은 아침 일찍 일어나 서울에서 가지고 온 『부유한 노예The Future of Success』라는 책을 읽다 보니 매우 유익한 내용이 있어 너희에게 소개를 하고 싶구나.

책의 저자는 로버트 라이시Robert Reich 교수로, 클린턴 대통령 재임 시 노동부 장관을 지냈던 천재적인 경제학자이기도 하다.

책에서 저자가 얘기하고자 하는 것은 '지금과 같은 초고속 성장 경제에서 모든 것을 바쳐야 살아남을 수 있고, 물질적으로는 풍요해졌으나 더 오랜 시간 일하고 더 절박한 심정으로 살고 더 열심히 자신을 팔지 않으면 안 되는 사회에 우리가 살고 있음'이다. 매우 예리한 관찰을 통해 말하고 있다. 이러한 각박한 사회로 바꾼 신경제가 반드시 좋은 것이냐 아니냐의 문제는 별도로 하고 여하튼 현재의 우리의 삶이 머물고 있는 현실을 인정하고 이 책이 말하고 있는 지적에 귀를 기울일 필요가 있지 않나 생각이 든다.

그중에서도 몇 구절을 소개한다.

"과거 조직의 형태는 사라지고 대신 그 자리에는 자신에 대한 믿음이 확고하고 다른 사람을 설득해 자신을 믿게 만들 수 있는 개인들이 들어서고 있다."

"당신이라는 브랜드를 관리하는 마케팅 책임자가 되어야 한다."15)

읽다 보면 가슴이 답답하고 각박한 사회에 대한 두려움도 느낄 수 있지만 그래도 신자유주의 경제 아래서 살아가야만 하는 너희 세대는 한번 읽어 보기를 권한다.
그래도 설인데 떡국이라도 먹어야 하지 않겠느냐!

2010. 2.
프랑크푸르트에서 아빠가

---

15) 로버트 라이시, 『부유한 노예』, 김영사, 2001

이정구 회장의 책을 읽고

유일용 박사,

자네는 아무리 보아도 멋있는 사내야! 40년 미국 생활에도 뚝배기 된장국 같은 고향의 짙은 맛과 그 내음을 여전히 풍기니 말일세.

솔직히 자네의 서평은 나에겐 최대의 찬사였어! 밤사이 200페이지가 넘는 책을 독파했다는 촌평보다 더 진한 칭찬이 있을까?

그래서인가 나이 들어 낯이 두꺼워진 내 얼굴에도 약간은 부끄러운 기색이…….

선머슴 같은 자네의 소식을 새해에는 자주 들려줄 수 있겠나?

Votre Sante!

Oct 22, 2016

이정구 회장의 자서전을 읽고

　전에 누군가로부터 이 회장이 자서전 출판을 준비 중이라는 말을 들은 적이 있었는데 지난 청탑회 모임에서 그의 친필 사인이 있는 자서전을 직접 건네받았습니다.
　사실 나는 자서전 읽는 것을 그리 좋아하지 않습니다.
　자서전이란 후세 사람에게 귀감이 될 수 있는 것을 진솔하게 기록하여야 함에도 인간의 속성상 자칫하면 자기 미화나 과장이 있을 수 있어서이고, 너도나도 내놓는 자기 과시성 자서전들, 그것도 남이 대신 썼다는 것을 많이 들어 왔기 때문입니다.
　이 회장의 자서전을 받아 들고 몇 가지 의문이 생기면서 읽어볼 충동이 생겼습니다.
　"왜?"를 좋아하는 나의 독특한 성격 탓입니다.
　전기과 출신이 어떻게 건설 회사 사장이 되었지?
　많은 국민의 지탄을 받고 강제로 해체되었던 재벌 그룹에서 무슨 일을 했길래 자서전까지 내고 그런 회사에서 어떻게 사장을 했지?
　거기에다가 공학도의 글은 어떨까 하는 호기심입니다.

　나는 이 회장에 관해서는 거의 모릅니다.
　품성도 모르고 가족 관계도 모릅니다.
　아득한 옛날 무슨 계기인지 모르지만 막연하나마 네거티브 필링도 있었습니다.

돌이켜 보니 그와 나는 중고등학교 때 같은 반을 함께한 적이 없었습니다. 몇 년 전의 대화 중에 그가 서석을 나온 것을 알았으니 12년을 같이 다녔는데도 반을 함께한 적이 없었으니 놀라울 따름입니다.

젊어서 미국으로 떠난 나에게는 그와 접촉할 기회가 일체 없었고 말만 동창생이지 그에 관해 아는 것은 고등학교 때 공부를 잘했고 서울공대 전기과를 나온 동창이라는 것, 그리고 풍문으로 대우 사장을 하고 있다는 정도입니다. 그러다가 그와 두서너 번의 대화를 나눈 것은 지난 몇 년 동안의 모국 방문 때부터였습니다. 고등학교를 졸업한 지 50년이 넘은 후입니다.

새벽 1시 반에 깨어나 다시 잠이 들려 했으나 시차 적응이 안 되어 그런지 잠을 이룰 수가 없었습니다. 그의 책을 꺼내어 읽기 시작했습니다. 우리 나이 또래가 다 그렇듯이 글씨가 잘 안보여 팔을 펼 수 있는 데까지 멀리 펴고 느린 속도로 읽다 보니 아침 7시까지 읽었습니다. 끊임없는 사건의 전개에 문학적인 수사가 없는 담백한 글은 끝까지 책을 놓지 못하게 하였습니다. 많은 공학 용어로 쓰여 있어 비전문인에게는 조금 이해 안 되는 부분이 있었고 특히 단어의 영문 번역은 활자가 아주 작아서 읽는 데 고생이 있었지만, 중간에 허리가 아파 몸을 이리저리 뒤척인 것을 빼고는 끝까지 완독했습니다.

그를 거의 모르는 상태에서 백지의 도화지에 그림을 조금씩 그려 가는 심정으로 읽었습니다.

그의 책은 자서전이라고 하지만 자기 분야에서 그가 겪고 도전하고 경험했던 사업 하나 하나를 적어 놓은, 어떻게 보면 회사의 역사서 같았습니다. 그러니 거짓이 없고 진솔할 수밖에 없었습니다. 이 책의 특징은 각 단원의 끝에 에필로그를 적어 넣어 자기가 진행하거나 마쳤던 일이 나중에 어떻게 되었는가 하는 'follow-up'을 기술한 것입니다.

내가 걱정했던 자기 미화가 없어 우선 마음이 놓였고 그를 잘못 이해하는 부분도 있었구나 하며 이 글을 쓰는 계기가 된 겁니다.

그는 대우의 창조 도전 희생이 좋아 한국 전력에서 대우로 옮겼다고 했습니다.

처음에는 엔지니어링 분야에서 일하다가 회사의 필요에 따라 여러 부서로 전보 발령받아 일했지만 그가 가장 애착을 가진 것은 건설 회사였던 것 같습니다.

건설 분야에 있을 때 한 미국 회사를 벤치 마킹 하여 EPC Engineering, Procurement, and Construction 제도를 도입하고 연구하여 회사에 정착시킴으로써 단순한 건설만을 했던 회사에서 설비와 기자재 도입까지 일괄적으로 집행하는 종합 회사로 업그레이드 시키는 데 핵심적인 역할을 하여 막강한 현대 건설과 경쟁할 수 있는 기업으로 만들었다고 했습니다. 또 원자력발전소의 시공 능력을 인정받기 위하여 미국 기계학회ASME, American Society of Mechanical Engineers의 검증 증명서를 획득하기 위한 그의 역할도 책에 있었습니다. 이건 회사의 보다 나은 발전을 위한 끊임없는 도전과 창조 정신을 보여 주는 것입니다.

그는 조국의 산업화 과정에서 우리 세대가 겪어야 했던 그 고난과 역경을 최일선의 선두에서 생명의 위험을 무릅쓰고 열심히 살았던 것이 글에 보입니다. 회교 혁명과 미국과의 관계까지 악화되었던 80년대 초, 이라크와의 전쟁까지 겹쳐 위험에 처해 있던 이란에서 4년 동안 생사를 넘어 고생했던 일은 한국인만의 억척 정신이 빚어낸 에피소드라고 단순히 넘길 수 있으나 그가 말한 희생정신이 없으면 할 수 없는 일입니다.

무엇보다도 나이지리아에서 석유 화학과 플랜트 사업의 성공이 회사의 비약적인 발전과 위상을 높였다고 했습니다. 내전에 휩싸여 있는 곳에 가기를 꺼리는 다른 회사와 달리 모험을 선택한 그의 결단은 헝그리 정신이고 도전 정신입니다.

그가 회사에 들어가기 전 꿈꾸었던 창조 도전 희생 정신의 사훈을 모두 이루었다고 생각합니다.

10년 이상을 끌었던 리비아의 5억 달러 채무를 받은 것은 대단합니다. 그 돈으로 위기에 처한 회사를 살린 것도 뜻있는 일이었지만 지금 환율로도 5500억 원이니 국가의 부에 커다란 보탬을 한 셈입니다. 국가에서 상을 주어도 부족하지 않다고 생각합니다. 그런데 여기에서 나의 머리를 잠깐 스친 것이 있습니다. 이 회장이 한국 사람이어서 이런 기발한 생각을 내지 않았나 하는 생각입니다. 직접 대통령을 만나 담판을 한다는 생각도 신선하지만 경호원을 통해 면담을 이루겠다는 발상은 다른 나라 사람은 생각하지 못할 거라는 겁니다. 정상적인 민주 국가라면 경호원에게는 그런 힘이 없습니다. 그러나 독재 국가에서의 대통령 경호실은 다릅니다. 옛날 곽영주, 박종규, 차지철 같은 경호실 사람들의 위력을 몸소 체험한 한국인으로서는 그 발상이 가능하지만 어쨌든 이 회장의 아이디어는 기발합니다.

글을 마무리하면서 그의 자서전에 한가지 아쉬운 것이 있습니다.
나는 외국에 있어서 대우 그룹의 해체의 내막을 모릅니다.
사법부에서는 김우중에게 수십 조의 채무 변제를 명령했습니다.
하지만 그는 그룹의 해체가 공권력에 의해서 강제로 이루어져 억울하다며 지금도 항변은 계속되고 있다고 합니다.
이 회장의 글에서는 그를 존경하는 마음이 무수히 담겨 있습니다.
분명히 존경하는 무엇이 있었을 건데 그 부분이 빠졌습니다.
김우중 씨를 존경하는 이 회장 나름의 근거를 기술했으면 더 좋았을 건데 하는 아쉬움입니다.

주관적인 평가도 좋고 이 회장 나름의 변명도 좋습니다.

어느 누구도 그런 이 회장을 비난할 수 없습니다.

그룹 해체는 경영인의 잘못이지 열심히 일한 직원의 잘못이 아니기 때문입니다.

과거사를 다시 들추는 것은 이 회장에게도 껄끄럽다는 것을 이해합니다.

그러나 '대우 맨'이라면 한 번씩은 거쳐야 할 아킬레스건이고 숙명이 아닌가 생각합니다.

'내가 보는 김우중 회장' 식으로 한 챕터를 집어 넣었으면 많은 독자에게 더 많은 공감을 불러 일으키지 않을까 하는 것이 나의 우견입니다.

이 부분이 빠졌다고 해서 이 회장이 열심히 살아온 인생 고백을 폄하하는 마음은 하나도 없습니다. 젊어서는 훌륭한 엔지니어로서 회사의 견인차 역할을 했고 인생 후반부에는 탁월한 경영인으로서 대우건설을 워크아웃에서 벗어나게 한 장거는 존경받아 마땅하다고 생각합니다.

그의 모험 정신과 탁월한 경영 능력은 동도를 걷는 후배에게 귀감이 되리라고 확신합니다.

어느 동창이 병상에서 이 회장에게 보낸 편지 구절은 우리 모두가 귀담아들어야 할 좋은 글이었습니다.
 "떠난 뒤 그 빈 자리를 느낄 수 있다면……."
 꼭 이름나고 훌륭한 사람이 아니어도 좋습니다.
 자기 자리에서 열심히 사는 사람.
 거기에 훈훈한 인간미가 있고, 방금 떠난 그 자리에 아직도 온기가 배어 있는 사람.
 모두가 성공한 사람입니다.
 책 제목으로 안성 맞춤입니다.

 이 회장의 남은 인생이 더 훈훈하기를 바랍니다.
 열심히 그리고 잘 살아온 이 회장에게 축하의 말을 보냅니다.
 나의 이 회장에 대한 생각이 편견이었다는 것을 여기에 고백합니다.

                    시카고 특파원 일용이가 본사에 와서

일곡 형님

오랫동안 미루어 왔던 영세받으심을 축하드립니다.
아무래도 형수님의 압력을 이겨 낼 수 없으셨죠?
현명한 선택을 하셨습니다.

주일이면 형수님 손 꼭 잡고 미사 보러 가시는 모습이 멋있을 것 같군요. 그리고 이제부터는 성지 순례와 유럽의 오래된 성당 순례도 하시고요.
근데 막상 저는 아직 아무것도 못 했습니다만…….

저도 대치 성당에서 영세를 받았습니다만 성경 공부 제대로 못 했습니다.
형님도 공부가 더 필요하실 것 같아 가죽 표지로 둘러싸 닳아질 염려 없는 성경책을 준비했습니다.
제 몫까지 수백 번 읽어 주시면 감사하겠습니다.

2016. 9. 4.
이정구 바실리오
신명혜 실비아

C 형에게

독일 생활을 시작하는 저에게 도움이 될 이야기들을 보내 주셔서 감사합니다.

우중충한 겨울 날씨는 지난 60일 동안 햇볕을 겨우 3일 동안 보았다고 푸념하는 이곳 현지 직원의 말이 예사로 들리지 않습니다.

어른들이 말씀하시는 '금수강산'이라는 말이 이제야 가슴에 와 닿는 것도, 우리나라만큼 살기 좋은 곳이 없다는 여행족들의 이야기도 새삼스럽게 되새기게 되는군요.

그것만이 아니라 적건 크건 간에 공동체를 만들어 비록 티격태격거리는 일은 있지만 그런대로 인정과 의리와 우정으로 한 세상 살아가는 우리 사회만큼 정겨운 집단이 어디 있을까요? 조금은 소란하고 무질서하게 보일지 모르지만 그런대로 소금 깨 쏟아지는 곳이 우리나라입니다.

    이곳의 여름 날씨는 괜찮다고 하는데 어찌 우리와 비교가 되겠습니까?

    좋은 소식, 항상 감사하고 있습니다.

Jung-Koo Lee

최상남 씨가 보낸 〈독일인의 눈에 비친 한국인〉이라는 메일에 대한 회신

내가 만났던 한 미국 목사 빈스

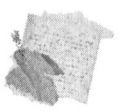

성백문 군으로부터 「빈스」라는 메일을 받은 지 벌써 두 달도 더 지났다.

함께 쏟아진 메일을 주체하지 못하여 우선 플래그(깃발) 표시를 해 두고 시간이 있을 때 다시 한번 읽어 보고 싶었기 때문이었다.

폭우가 쏟아지는 밤이 아마도 이런 메일을 읽고 음미하는 데는 적격이리라(텔레비전에서는 지금 서울이 물에 잠긴다고 악을 써대고 있지만……).

나도 모르게 오랫동안 목말라하던 정겨운 이야기를…… 그리고 진정으로 사람다운 사람들이 모여 사는 모습을 보여 준 감격스러운 메일이었다.

나이 탓인지 아니면 천박한 세상이 힘겨워서인지는 알 수 없지만 요사이는 하찮은 일에도 그것이 사람다운 삶의 모습을 보면 감격해하는 버릇이 생겼다.

비록 빈스 씨와 같은 삶은 흉내 낼 용기도 없지만 그러한 삶이 아름답게 보이는 순수함은 아직도 내 가슴속에 남아 있다는 점이 오히려 신기하기도 하다.

백문 군의 순수하고 포근한 메일에 감사를 드리며 포르투갈의 유명한 가수 둘체 폰테스Dulce Pontes가 부른 아름다운 노래 「Your Love」(〈Once Upon a Time in the West〉 주제곡)를 첨부한다.

대학 동기로 미국에 일찍 이민을 간 성백문 군이 보낸 메일의 내용이 감동적이어서 나의 회신과 함께 같이 소개한다.

빈스

수년 전 여름, 나와 가족은 정든 뉴욕시를 떠나 새 직장이 있는 북녘에 있는 엔디코트Endicott로 이사를 했다. 한국인 교회가 많은 뉴욕에서 세계에서 온 다양한 민족 중에서 살아온 우리는 진짜 미국 속으로 들어간다는 설렘을 갖고 옮겨서 그곳 미국인 장로교회에 유일한 동양인 가족으로 환영을 받으며 가입해서 신앙생활을 시작하였다.

이 교회 목사는 아이리시로서 얼굴이 좀 복잡하게 생긴 거구였으며, '빈센트 얼리Vincent Early'라고 불렸다. 아내와 나는 얼리 목사가 인도하는 성경 공부에 열심히 참석하면서 그의 주장— 곧 모든 사람은 동등하므로 모든 사람은 서로 첫 이름으로 부르라는—대로 '얼리 목사님Reverend Early'이나 '얼리 씨Mr. Early' 대신 '빈스Vince'로 부르며, 또 장로이며 변호사인 토마스 씨Mr. Thomas, Esq.는 '밥Bob'으로, 닥터 내시Dr. Nash는 '척Chuck' 등 첫 이름으로 서로 부르는 생소한 분위기를 서서히 익혀 갔다. 그들은 나를 '백'으로 불렀다.

그해 처음으로 미국 교회에서 맞는 성탄절 예배에서 빈스는 설교를 짧게 끝내면서, 교인들을 기립시킨 후, "우리가 지난 1년 동안 서로 빚지고 부담되었던 것이 무엇이든지 서로 용서하고 화해하자."라고 제안하면서 앞으로 내려 와서 맨앞줄에 서 있는 사람들을 차례로 안아 주자 모든 사람들이 앞과 옆에 있는 사람들과 포옹해 주고 받기를 시작하였다. 나도 처음으로 남과 포옹하였다. 빈스는 내게 와서 큰 허그bear hug를 하였는데, 나는 옛날에 아버지가 안아 주었을 때 느꼈던 그아늑하고 평안한 느낌을 느꼈다.

한번은 빈스를 만나서 내가 경험하는 고독이라는 문제로 상담을 하였다. 그는 나의 얘기를 경청하였으며, 내 얘기가 아픔이나 감정이 북받치는 부분에 이를 때마다 그의 오른 눈자위가 경련하곤 하였다. 그는 내가 한국인 사회로 돌아가면 외로움이 없어질 것인가 하고 묻기도 하였다.

"백은 우리 교인들이 자네에 대해서 어떻게 생각한다고 생각하는가?" 하고 물었다. 나는 그들이 무관심할 것이라고 대답하였다.

"백, 사실을 얘기해 주지. 자네가 우리 교회에 온 후, 여러 사람이 자네에 대해서 물어 왔었지. 자네의 표정과 미소에서 특이한 것을 본다면서 말이지. 또 사실은 여러 사람이 자네를 집사나 장로로 추천해 온 게 여러 번 되는데, 우리는 자네가 미국 생활에 좀더 익숙해지기를 기다리고 있지. 내가 부탁이 있는데, 꼭 이행해 주겠나? 다음 주일부터 내 성경 공부 반에 들어올 때, 자네 자리로 바로 가지 말고 적어도 다섯 사람에게 가서 악수를 청하고 인사를 하게. 그렇게 할 수 있지?"라면서 내 손을 잡아 주었다.

어느 한 주일 예배가 거의 끝나고 축도 순서가 되었을 때, 빈스는 교인들 모두가 하나님 앞에서 같은 제사장들이라는 말씀이 성경에 있다면서 자기 말을 복창하라고 일렀다.

"지금은 우리 주 예수 그리스도의 은혜와 하나님 아버지의 극진하신 사랑과 성령의 감동하시고 함께하시는 역사가……."

목사와 예배 참석자 모두가 복창하는 축도는 그 스테인리스 유리를 통해서 들어오는 아름다운 햇빛이 가득한 성전 안에 분명히 감동으로 메아리가 되고 있었다.

어느 해던가, 추수 감사절을 두 주일 앞둔 예배 시간에 빈스는 여전히 설교를 하러 강단에 나와 섰다.

"지금까지 나는 여러분들을 병원으로 양로원으로 방문하고 상담하면서 최선을 다해서 여러분을 섬겨 왔습니다. 그런데 이제는 여러분이 내게 그렇게 해 줄 차례가 되었습니다……."

그가 거기서 말을 중단했을 때, 갑자기 분위기가 바뀌고 청중의 숨도 멎는 것 같았다. 무슨 말을 하려는 것일까?

"매일 나는 아침부터 여러분을 만나서 인생 문제와 고민을 듣고 얘기하고 늦게 귀가하면 나는 조그만 잔으로 포도주를 조금씩 마시며내 피로를 풀곤 했지요. 이렇게 여러 해를 해 오던 중, 이것이 알코올 중독 초기 증상이 된 것을 알게 되었습니다……." 그의 말이 거기서 다시 중지되면서, 하얀 손수건이 그의 눈으로 올라갔다. 교회는 숙연해지고 여기저기 사람들의 머리가 떨어지고 어깨가 들썩이는 것이 보이기 시작하였다. 교인들의 가슴에 아픔이 전달되면서 눈물샘이 솟아 나는 것을 느끼기 시작하였다.

"나는 이 예배가 끝나는 즉시로, 동부에 있는 알코올 중독 치료소로 떠납니다. 거기서 한 달간 치료를 받을 것입니다. 내가 돌아올 때까지 여러분은 내가 여기 있는 것처럼 교회를 잘 운영해 주시기를 부탁드립니다……."

장로 한 분이 일어나서 우리가 빈스를 완전히 신임하고 격려한다는 뜻으로 기립하자고 말했을 때, 모든 교인들이 일어나서 울고 있는 빈스를 바라보았다.

예배가 끝나고 빈스가 교인들을 배웅하려고 출구 앞에 섰을 때, 모든 교인들이 긴 줄로 기다려 서서 그를 안아 주고, 악수하고, 격려해 주었다.

그는 나를 포옹하면서 "백, 인간이 이렇게 약하오. 나를 위해서 기도해 주시오."라고 말하였다. 그는 약속대로 한 달 후에 훨씬 밝고 활기찬 모습으로 돌아왔으며, 군대 생활 같은 치료소 생활을 얘기해 주었다.

몇 년이 지난 어느 봄 주일, 빈스는 설교가 끝날 때쯤에, "내가 목사로 안수를 받으려고 이 강단 앞에 무릎을 꿇었을 때, 20년을 이 교회에서 봉사하겠다고 하나님께 약속했었는 데, 이제 때가 되었습니다. 6월 말로 이 교회를 사임하겠으니 재직 여러분은 다음 오실 분을 위한 준비를 하십시오. 이 교회도 새 지도자가 필요합니다."

모든 교인들은 경악했고 충격을 받았다. 두어 해만 더 있으면 정년 퇴직이 되고 은퇴 후의 혜택이 보증되어 있었던 것이다.

개인의 의견과 결정을 존경하는 미국 교회는 그의 부탁대로 목사 청빙 위원회를 조직하였고 우리 온 교인들은 성대한 예배와 만찬과 포옹으로 그를 환송하였다.

불가의 보시

　사월 초파일이 되면, 어린 시절 집 뒤의 산길을 따라 암자로 흥얼거리며(불경인지 우리 노래의 가락인지 알 수 없지만) 올라가시던 나이 지긋한 스님이 생각납니다. 언덕배기 좁은 길은 어린 나의 눈에는 환한 낮에도 무엇인지 튀어나올 것만 같은 두려움을 주는 길이었는데, 지금 생각하니 그때의 노스님께서도 그 오솔길이 왠지 무서워서 노래를 하셨던 것은 아니었던가 하는 생각이 드는군요. 보내 주신 메일에 실린 해맑은 동자승의 얼굴에서 세속화하지 않은 맑은 부처님을 보는 것 같기도 합니다.

Jung-Koo Lee

불가에서 말하는 보시布施가
이토록 아름답고도 좋을 줄이야.

어떤 이가 석가모니를 찾아가 호소를 하였답니다.
"저는 하는 일마다 제대로 되는 일이 없으니
이 무슨 이유입니까?"

"그것은 네가 남에게 베풀지 않았기 때문이니라."
"저는 아무것도 가진 게 없는 빈털터리입니다.
남에게 줄 것이 있어야 주지 뭘 준단 말입니까?"

"그렇지 않느니라.
아무리 재산이 없더라도 줄 수 있는 일곱 가지는
누구나 다 있는 것이다.

첫째는 화안시和顔施,
얼굴에 화색을 띠고 부드럽고
정다운 얼굴로 남을 대하는 것이요,

둘째는 언시言施,
말로써 얼마든지 베풀 수 있으니

사랑의 말, 칭찬의 말, 위로의 말,
격려의 말, 양보의 말, 부드러운 말 등이다.

셋째는 심시心施,
마음의 문을 열고
따뜻한 마음을 주는 것이다.

넷째는 안시眼施,
호의를 담은 눈으로 사람을
보는 것처럼 눈으로 베푸는 것이요,

다섯째는 신시身施,
몸으로 때우는 것으로 남의 짐을
들어 준다거나 일을 돕는 것이요,

여섯째는 좌시座施,
때와 장소에 맞게 자리를 내주어
양보하는 것이고,

일곱째는 찰시察施,
굳이 묻지 않고 상대의 마음을
헤아려 알아서 도와주는 것이다.

네가 이 일곱 가지를 행하여
습관이 붙으면 너에게 행운이 따르리라."
라고 하셨답니다.

불가에서 말하는 보시가 이토록 아름답고도 좋을 줄이야.
저도 몰랐습니다.
성경에서든,
불경에서든,
금언들이 참 많습니다.
우리 님들도 가진 게 없다고 불평 마시고 베푸십시오.

지하철 경로 우대권

 지하철 매표소 앞에 늘어선 줄이 빠른 속도로 앞으로 이동하고, 줄어든 뒷자리는 새로운 사람들로 순식간에 채워져서 좀처럼 줄어들지를 않습니다. 약간 비켜서서 지하철 노선도를 보고 있는 체하고 있지만 실은 지하철 경로 우대권을 받기 위한 줄 서기를 할 엄두가 나지 않아서 짐짓 딴청을 하기를 얼마나 하고 있었는지…….

 새해부터 자청 은퇴자가 되기로 한 이상 연말이 가기 전에 지하철 경로 우대 무임승차를 사전에 실습해 볼 양으로 용감하게 지하철 역으로 갔는데, 막상 늘어선 사람들을 보는 순간 혹시라도 경로 우대권을 보여 주어야 승차권을 주는 것이 아닌가 하는 생각이 들자 자신이 없어져 버리는 것이 아니겠어요. 경로 우대권이 어떻게 생겼는지 본 적도 없으니 차라리 돈을 주고 타는 것이 속이 편하겠다는 약한 마음까지 들었습니다. 다시 마음을 다잡고 부딪혀 보기로 하고 유일한 증명서인 운전면허증을 보이는 순간 역무원의 시선은 상대를 쳐다 볼 생각이라고는 없는 것인지 우대권을 매표구로 밀어 던지는데 마치 김연아의 트리플 악셀마냥 미끄러져 나오는 게 하마터면 표를 놓칠 뻔했습니다.

드디어 경로 우대권을 받는 노인이 되었구나 하는 생각일랑 들지 않고, 한심스럽게도 전차를 처음 타는 어린아이와 같이 싱글벙글하기는…….
잘못하다가는 실성한 사람 취급 받을 수도 있겠다 싶어 즉각 표정 관리를 했지요.

이러한 스릴도 이틀도 지나지 않아 싱거운 놀이가 되어 버리고 오늘은 신분증은 꺼낼 생각도 하지 않고 손을 내밀어 표를 받았습니다.
이틀 전에는 한사코 멀리 떨어지고자 했던 경로석이 비어 있는지 곁눈질까지 하는 발전을 하였으니, 역시 세월이 빠른가요?

전우회 여러분.
새해엔 우리 같이 아산 온천에 9천 원씩 들고 자주 가 보기로 합시다.

Jung-Koo Lee

서리풀 공원

이 박사님의 정겨운 메일에 감사합니다.
그리고 회신이 늦은 점도 양해를 부탁합니다.
지난 일요일에 귀국하여 오는 목요일에 다시 출국을 하게 되었습니다.

현업의 실무적인 일에 손을 놓은 지 15년도 넘고, 돋보기 너머로 겨우 보일락 말락 한 작은 글자들과 독수리 타법의 한심스러운 타자 솜씨에 한숨을 지으며, 그래도 아직 70은 넘지 않은 장년의 나이 아닌가 하고 위로해 가며 바쁜 일과를 보내고 있습니다.

이러다 보니 연락도 제대로 하지 못하고 다시 출국하여 이번에는 19일경 돌아올 것 같군요.

서리풀 공원과 이 박사 댁의 커피 한잔은 결국은 내게는 어려운 일이 되고 말았으니 양해를 구합니다.

새삼스럽게도 '우물쭈물하다가' 정다운 사람들과 만나는 것까지 제약을 받게 되었군요.

정관 박사께서는 요즈음도 '망가(만화의 일본어 발음)' 보시는 데 시간을 많이 할애하시는지요?

여하튼 갑자기 부러워지는군요. 독일에 도착하면 메일을 올리도록 하지요.

Jung-Koo Lee

북해 해상 풍력 발전 프로젝트 추진하던 회사(독일 함부르그)에 근무를 하다 잠시 귀국 후 다시 출국을 하면서.

마음에 쏙 드는 아호를 받고

고맙네 여현如弦.

자네가 지어 보내 준 '일우逸友'란 아호가 마음에 쏙 들었다네.

평소에 이러이러한 사람이 되었으면 하고 생각하고 노력하던 나의 모습을 어떻게 그렇게도 용케 지적해 내었는지!

아니면 여현 자네가 내게서 '대하기 편한 친구'의 모습을 어렴풋이나마 느낄 수 있었는지?

어느 쪽이든 고맙기 그지없구먼…….

벌써 상당한 시간이 흘렀는데도 잊지 않고 이렇게 마음에 꼭 와닿는 아호를 지어 보내 준 여현에게 다시 한번 고마움을 전하면서, 70 중노인에게 건강과 좋은 친구보다 더 중요한 게 어디 있겠나?

이번 겨울 건강히 지내고 좋은 그림 작품 활동을 기대하네.

Jung-Koo Lee

일우(逸友)란 아호를 보내 준 친구에게

사랑하는 큰손녀 해민이에게

어제 네 아버지가 보내 준 너의 졸업식 동영상을 보고 하루 종일 구름 위를 걷는 듯한 기쁨에 잠겨 있었다. 학교에서 수여하는 최고의 영예인 'Caroline Walker Honor Society' 회원으로 네 이름이 동판에 새겨진다는 소식을 듣고, 진심으로 축하하고 또 축하한다. 생각해 보면 네가 중학교에 입학하자마자 교환 교수로 미국에 나간 엄마를 따라 미국 학교로 전학을 갔을 때만 해도 마음 한편에 걱정이 많았단다. 1년 뒤 귀국할 엄마와 함께 다시 돌아오게 되면, 과연 학업의 연결이 원활할까 하는 염려였지. 그런데 너는 엄마가 귀국한 이후에도 혼자 그곳에 남아 학업을 이어가겠다는 결심을 했고, 우리는 너의 용기와 결단에 박수를 보냈단다.

그렇게 어느덧 5년이라는 시간이 흘렀고, 오늘 너의 졸업을 축하하게 되었구나. 그 자체만으로도 충분히 자랑스러운데, 전교 학생들이 추천하고 학교 당국이 승인하는 가장 명예로운 자리의 주인공이 될 줄은 정말 상상도 못 했단다. 다행히 학교 측에서 졸업식 전 과정을 동영상으로 담아 주어 그 감동적인 순간을 생생히 지켜볼 수 있었단다.

110년이 넘는 전통을 자랑하는 학교에서 5년을 꿋꿋이 잘 이겨 낸 것도 대견하지만, 70년 가까운 역사의 'Caroline Walker 명예학회'의 회원으로 인정받은 것은 정말로 고마운 일이다.

특히 졸업식에서 Elisa Del Valle 부교장이 너의 이름을 부르기 전에 소개한 문장은 내 마음에 깊이 남아 여기에 다시 한번 옮겨 적고 싶구나.

"이 학생은 자신에 대한 굳은 믿음과 함께 조용한 진실성과 품위를 지닌 사람입니다. 자신을 드러내려 하지 않지만, 그녀의 행동은 많은 말을 대신하며 깊은 내면의 강인함과 너그럽고 이타적인 정신을 보여 줍니다. 친구들과 학교에 대한 그녀의 헌신은 흔들림이 없으며, 자신의 가치에 충실하려는 용기는 주변 사람들에게 큰 영감을 줍니다. 이렇게 사려 깊고 의도 있는 모습으로 우리 공동체의 일원이 되어 준 그녀는 참으로 소중한 존재였습니다. Ayesha Lee를 Caroline Walker 명예학회의 회원으로 임명

하게 되어 매우 영광입니다."

이 얼마나 찬란하고 따뜻한 평가니!
할아버지와 할머니는 네가 어떤 사람으로 성장해 왔는지를 이렇게 많은 이들이 알아주고, 또 함께 축하해 주는 이날이 너무나 벅차고 기쁘단다.
사랑하는 해민아, 너의 앞날에 늘 지금처럼 빛과 따뜻함이 함께하길 기원하며, 다시 한번 진심으로 축하한다.

사랑을 담아,
할아버지, 할머니가.

2025. 6.